Zu diesem Buch

Die ersten Lebensjahre, wenn die kleinen Kinder sich noch nicht mit Worten ausdrücken können, sind oft sehr mühselig. Häufig kommt es zu Mißverständnissen, die auf beiden Seiten Kraft und Nerven kosten. Denn gar zu oft senden Erwachsene und kleine Kinder «auf verschiedenen Wellenlängen».

Dabei ergibt sich für die Erwachsenen das Problem, daß sie dazu neigen, dem Kind nichts «zuzutrauen». Das wiederum ist für das Kind die schlimmste Fessel, die sich denken läßt.

Darum ist es so wichtig, daß die Betreuer lernen, mit dem Kind «ins Gespräch zu kommen». Nur so kann das Vertrauen in die Fähigkeiten des Kindes wachsen. Nur so kann das Kind eigene Erfahrungen – «gute» oder «schlechte» – machen. Und jede von ihnen ist ein kleiner Schritt auf dem langen Weg zur notwendigen Selbständigkeit. Die Eigenaktivitäten der Kinder werden aber leicht durch besorgte Überbehütung erstickt. So ist es in den ersten Lebensjahren besonders wichtig, daß Kinder eine Umwelt vorfinden, in der sie gefahrlos Erfahrungen sammeln können.

Mit vielen Bildern und Geschichten will dieses Buch dazu anregen, kleine Kinder und deren Ausdrucksformen besser zu verstehen, mit ihnen aktiv «ins Gespräch zu kommen» und dabei zu lernen, das eigene Fühlen und Handeln als Erwachsener wahrzunehmen und nicht mit dem des Kindes zu vermischen.

Darüber hinaus soll die Fantasie dazu angeregt werden, Situationen und kindgerechte Umweltbedingungen zu schaffen, in denen das kleine Kind Erfahrungen sammeln («lernen») kann.

Dieses Buch ist für Eltern und besonders auch für Krippen-Erzieherinnen geschrieben, die an praktischem Umgang mit den Problemen interessiert sind. Im «Stichwort: Kommunikation mit Kleinkindern» (s. S. 117) stellen die Autorinnen den theoretischen Hintergrund ihrer Arbeit dar.

Der Herausgeber bittet um Anregungen, Zuspruch und Kritik an folgende Adresse: Büro für wissenschaftliche Publizistik, Dr. Horst Speichert, Teutonenstraße 32b, 6200 Wiesbaden

Gunhild Grimm/Inga Bodenburg

Was will das Kind denn bloß?

Kleine Kinder verstehen und ihnen mehr Erfahrungen ermöglichen

rororo

Rowohlt

rororo Elternrat wird von Horst Speichert herausgegeben

Elternrat: Seit Ende der 60er, Anfang der 70er Jahre gibt es eine Bewegung von Eltern, die neue Formen des Umgangs suchen und erproben – in der Familie, in Krabbelstuben und Kinderläden, in Kindergärten, in freien Schulen ebenso wie in der staatlichen Schule. Wenn solche Eltern zusammenkommen, um ihre Probleme zu besprechen und sich auszutauschen, dann heißt es oft: «Wir sehen uns morgen abend beim Elternrat …»

Umschlaggestaltung: Günther Stiller, Taunusstein
Bildnachweis: Gunhild Grimm, Monika Mondt

12.–16. Tausend Mai 1984

Originalausgabe
Veröffentlicht im Rowohlt Taschenbuch Verlag GmbH,
Reinbek bei Hamburg, August 1982

Satz Times (Linotron 404)
Gesamtherstellung Clausen & Bosse, Leck
Printed in Germany
880-ISBN 3 499 17655 6

Liebe Leser,

«Oh, Jan!» stöhnt Renate. «So geht das wirklich ständig. Ich weiß nicht, was die Verrücktheiten bedeuten.» Originalton einer gequälten und gestressten Mutter (s. S. 49). Oder (s. S. 58): «Felix weigert sich, die Küche überhaupt zu betreten. Fest umklammert er meine Hand und mein Bein. Tiemo zerrt an der anderen Hand.» Bericht einer anderen Mutter, die es mit viel Geduld tatsächlich schafft, daß das Kind die Situation bewältigt. Für ihre Geduld aber erhält sie keine Anerkennung, sondern die bissigspitze Bemerkung einer Mit-Mutter: «Das müßte er aber schon alleine können!»

Die Stress-Frage: «Was will das Kind denn bloß?» stellt sich in tausend verschiedenen Situationen, und die Schwierigkeit, sie zu beantworten, hängt nicht nur daran, daß wir verlernt haben, die nichtsprachlichen Signale zu verstehen: die hochgezogenen Schultern, die zusammengekniffenen Lippen, das Besondere im Ton des schreienden Säuglings. Da sind nämlich außerdem noch unsere eigenen Absichten, die uns Falschdeutungen in den Sinn legen, oder Ängste, vor anderen schlecht dazustehen. Und eine unsensible Umwelt, die am Funktionieren, aber nicht am Verstehen der Kinder interessiert ist.

Die Autorinnen, Mütter von insgesamt fünf Kindern, haben irritierende und erfrischende, bedrückende und heitere Fallgeschichten zusammengetragen, in denen die Leserinnen und Leser sich mit ihren Schwierigkeiten, diese kleinen Biester zu verstehen, ebenso wiederfinden wie mit ihren Aha-Erlebnissen, wenn sich so ein Verwirrspiel des Nicht-Verstehens aufgeklärt hat wie der Himmel nach einem April-Schauer.

Horst Speichert

Inhalt

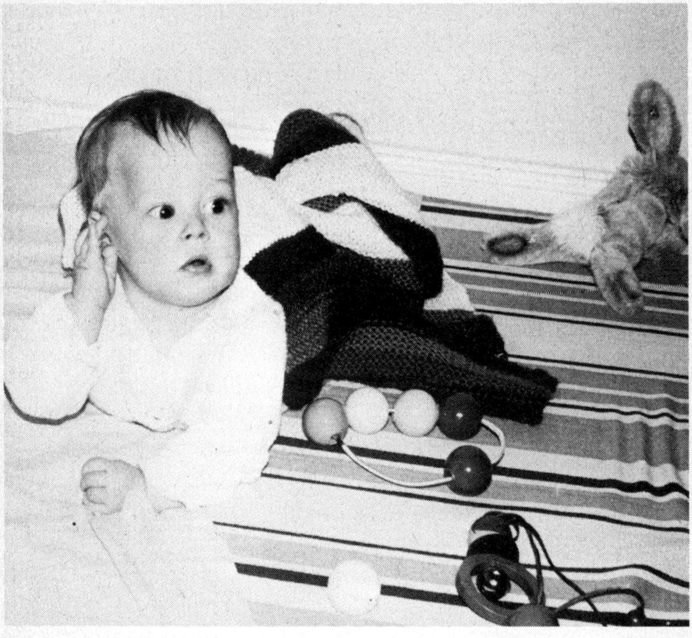

Kapitel 1

Kleine Kinder – große Fragen

Tiemo ist vier Monate alt. Wir sind aus dem Urlaub zurück, in dem Tiemo keinerlei Schwierigkeiten gemacht hat. Tagsüber schläft und spielt er, wie wir es erwarten, ist ein fröhliches und unkompliziertes Kind. Aber seit dem Urlaub hat er angefangen, abends gegen 23 Uhr zu schreien. Nach einigen Wochen nennen wir das den «Elf-Uhr-Schrei». Den können wir regelrecht erwarten. Damit beginnt das allabendliche Drama.

Er trinkt Brust, macht Bäuerchen, wird gewickelt und hingelegt und schläft bald ein. Nach kurzer Zeit schreit er lauthals. Ich nehme ihn hoch, rede ihm gut zu und lasse ihn über die Schulter gukken, reibe oder klopfe sacht seinen Rücken und entlocke ihm dann irgendwann – nach einer Ewigkeit – ein weiteres Bäuerchen. Endlich – es ist gegen Mitternacht – legen wir uns selbst zum Schlafen. Etwa gegen zwei Uhr erneutes Schreien. Abwechselnd tragen wir ihn wieder auf dem Arm. Gut zureden, stillen – nichts hilft. Wir fühlen uns beide selbst völlig entkräftet, Helmut ist es ganz flau in den Beinen, und ich kann kaum noch auf dem Bett sitzen, habe nur den einen Wunsch: mich hinlegen, schlafen, schlafen ...

Je mehr Tiemo schreit, desto stärker schlägt mein Herz. Von wegen: ihn in die Küche abschieben und selber endlich den entbehrten Schlaf bekommen. Das haben wir in unserer Verzweiflung einmal versucht, aber so wie ich Tiemo wieder schreien hörte, saß ich aufrecht im Bett. Obendrein fing ich noch an zu weinen aus Kummer, Verzweiflung, Erschöpfung.

Also warteten wir wieder, bis ein Bäuerchen kam, und legten

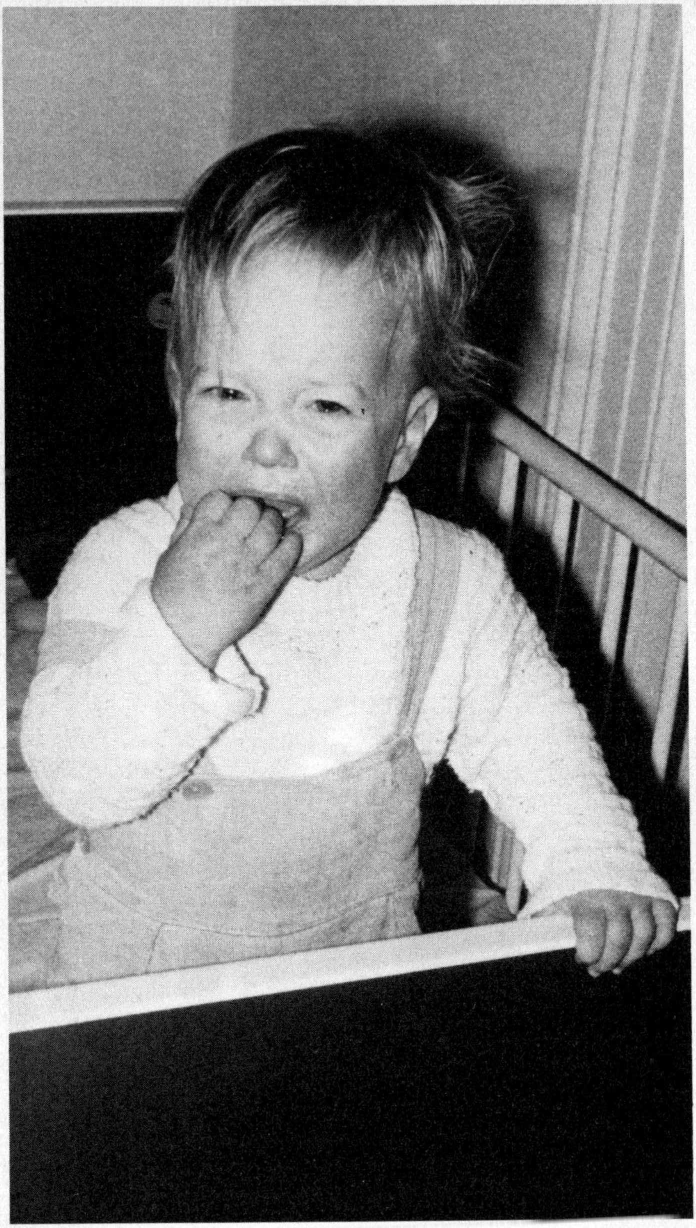

ihn erleichtert wieder hin. Nächte mit vier, ja zwei Stunden Schlaf waren keine Seltenheit.

Der Kinderarzt, ein erfahrener und vertrauenswürdiger Mann, fand die Ursache für Tiemos Schreien auch nicht, verordnete Verdauungstropfen. Ohne Erfolg.

Plötzlich – einen Grund dafür konnten wir ebenso wenig herausfinden wie für das nächtliche Schreien – legten sich, als Tiemo etwa zehn Monate alt war, die nächtlichen Schreiereien.

«Ich habe nur den einen Wunsch: mich hinlegen, schlafen, schlafen ...»

All unsere Versuche herauszufinden, was Tiemo uns hatte sagen wollen, was ihn bedrückte, worin sein Problem bestand, waren fehlgeschlagen. So bleiben uns auch heute nur Überlegungen und Vermutungen: War unsere Urlaubs-Flugreise doch zu viel für Tiemo gewesen? Der Arzt meinte, da ich, die Mutter, als Säugling auch sehr «nachtaktiv» war, könnte Tiemo das Schreien möglicherweise von mir geerbt haben ...

Oder hat es vielleicht daran gelegen, daß ich in jener Zeit meine Diplomarbeit schrieb und dadurch sehr unter Druck stand? Haben sich mein Stress, meine Nervosität vielleicht auf Tiemo übertragen und ihm so die Nachtruhe geraubt?

Fragen, auf die es keine Antwort gibt. Wir setzen sie bewußt an den Anfang dieses Buches. Denn eine der schlimmsten Fallen in den Beziehungen zwischen Kindern und Erwachsenen ist die Vorstellung, daß zu *jedem* Problem auch eine Lösung gehören müsse.

Diese Vorstellung, daß die Beziehungen zwischen Eltern und Kindern möglichst harmonisch und problemfrei zu gestalten seien, ist selbst die Quelle vieler Frustrationen und Probleme, Ursache gestörten Selbstbewußtseins und schlechten Gewissens bei Eltern – mit vielen üblen Rückwirkungen auf das Familienklima.

Wenn in unserem ersten Beispiel, in der Geschichte von Tiemo, für uns nicht herauszuhören war, was Tiemo nun eigentlich wollte, so scheint der nächste Fall eine sehr einfache Lösung zu bieten.

Brigitte ist mit einem Griechen verheiratet. Sie erzählt: «Das meiste, was die Kinder wollen, verstehe ich ja nach mehreren Anläufen, wenn sie hartnäckig genug bleiben. Aber manchmal ist man doch wie ‹bescheuert›. Als wir voriges Jahr bei Costas Eltern

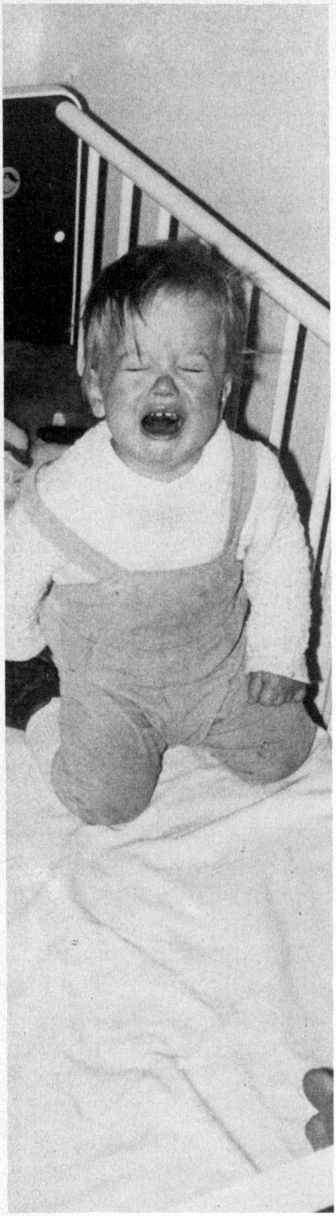
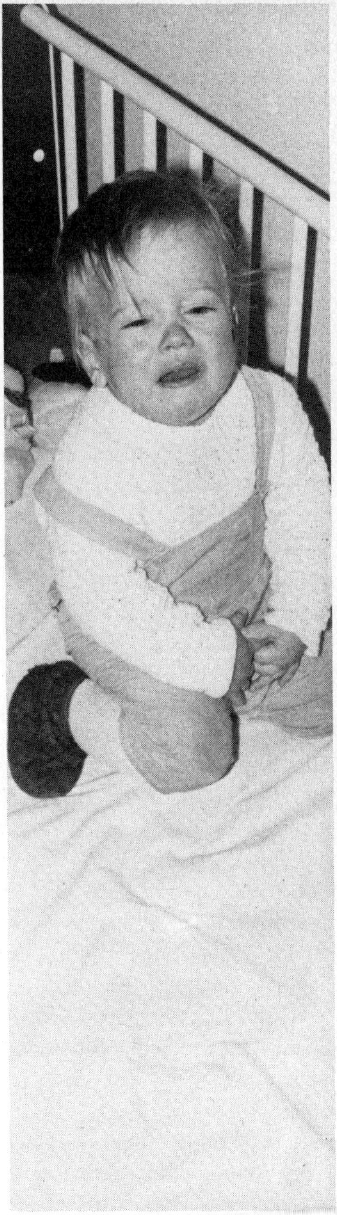

in Griechenland waren, haben wir uns die ganze Zeit gewundert, weshalb beide Kinder bei jeder kleinsten Gelegenheit quengelten, heulten, schlappmachten und aufhörten zu spielen.

Wir haben es damals mit allen möglichen Ablenkungen versucht. Aber nichts half. Die ganzen Ferien waren ein einziges Gequake und Gejaule. Ich war am Ende fix und fertig. Und weißt du, was Nina mir dieses Jahr gesagt hat, als wir wieder da waren? ‹Wir hatten ja auch die ganze Zeit so einen Durst! Ich habt uns ja *nie* etwas zu trinken gegeben!›

Und das stimmte! Auf die Idee, daß der Flüssigkeitsbedarf der Kinder in Griechenland bei dieser Hitze natürlich enorm steigt, sind nicht mal Costas Eltern gekommen. Wir haben den Kindern immer genauso viel gegeben wie hier in Deutschland. Und das war eben viel zu wenig.

Und das muß ich mir jetzt von der fünfjährigen Nina sagen lassen – ein Jahr später. Da hätt ich doch auch selber draufkommen müssen!»

In dieser Geschichte wird uns eine eindeutige und klare Lösung angeboten - von der fünfjährigen Nina. Wir könnten damit zufrieden sein. Aber stellt sich nicht die Frage, wieso die Kinder vor einem Jahr unfähig waren, ihren Durst konkret auszudrücken und um Trinkbares nachzufragen? Es bleibt die Vermutung übrig, daß sich hinter dieser «Unfähigkeit» der Kinder, sich selbst mit Getränken zu versorgen, ein Problem versteckt hat, das herauszufinden wohl nicht mehr möglich sein dürfte. Vielleicht hatte diese Unfähigkeit der Kinder, für sich zu sorgen, etwas mit der Fremdheit zu tun, die sie in Griechenland erlebten, vielleicht auch mit der Zuwendung, die sich die Eltern im Urlaub dort gaben, so daß sich die Kinder «vernachlässigt» fühlten. Und, und, und. Wir wollen mit diesen Spekulationen nur andeuten, daß die Schwierigkeiten zu «verstehen» nicht allein darin zu suchen sind, daß die Kinder sich «nicht richtig» verständlich machen oder ausdrücken, sondern daß es womöglich Störungen größerer oder kleinerer Art im Beziehungsgeflecht gibt, denen nachzuspüren sich lohnt, wenn sich wieder einmal die Frage eingestellt hat: «Was will das Kind denn bloß?»

Inga erzählt von der Geburt ihres ersten Kindes, Sebastian, und von schmerzlichen Enttäuschungen.

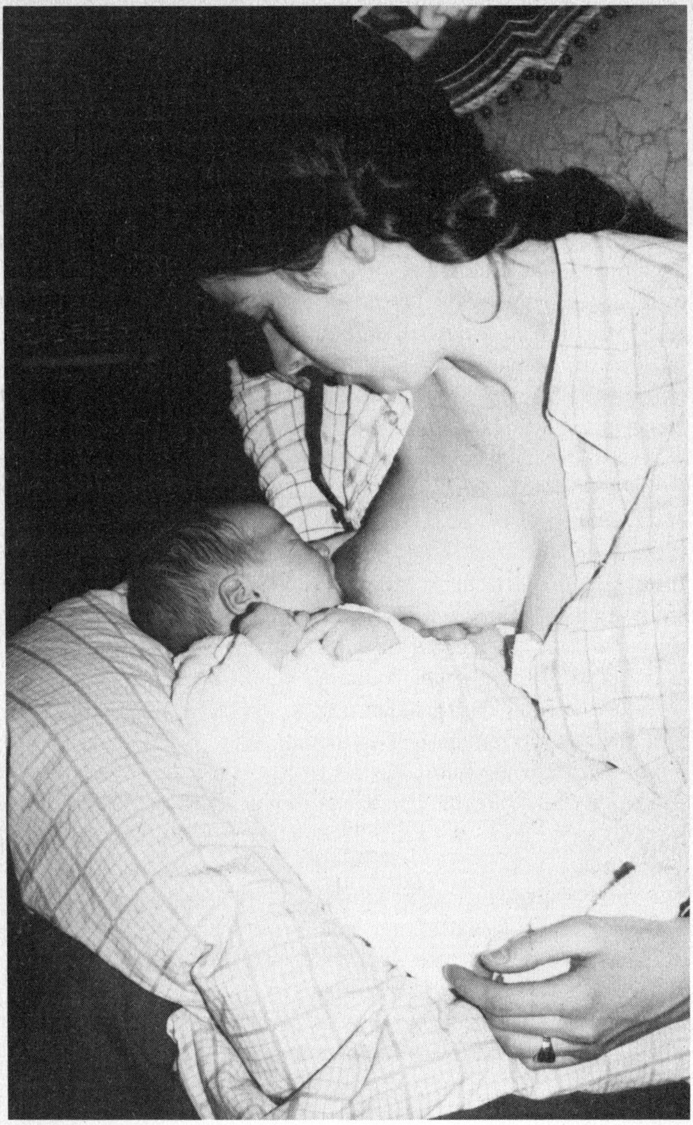

Stillen: «Wir beide kommen schon miteinander zurecht.» Aber gerade in dieser Zeit sind Störungen in der Beziehung zwischen Mutter und Kind an der Tagesordnung.

Wieso beschäftigt mein Neugeborenes sich mit sich selbst?

«Sechs Uhr abends, Stillzeit in dem Krankenhaus, in dem ich vor zwei Tagen Sebastian geboren habe. Heute abend bekomme ich ihn zum erstenmal zum Stillen. Ungeduldig erwarte ich ihn, ich möchte endlich mein Kind kennenlernen, empfinde das aufgezwungene Warten-Müssen als unnötige und quälende Belastung.

Endlich! Die Säuglingsschwester hat die Kinder an uns Mütter ausgegeben, geht nun von Bett zu Bett, um Instruktionen zu erteilen. Ohne ihre ausdrückliche Erlaubnis wagt keine mit dem Stillen zu beginnen. Ich nutze die Zeit, um mich in mein Kind hineinzusehen und einzufühlen. Mein Eindruck: winzig, kompakt. Du bestehst ja nur aus Kopf und kleinen Händen.

Sebastians Faust, ziellos herumfuchtelnd, trifft eine Seite des Kopfes, verharrt, beginnt zögernd an der Wange entlangzustreichen. Dann öffnet sie sich, offenbar haben die Finger die Haut gespürt und die Haut den Druck der kleinen spitzen Nägel. Sebastians gesamte Aufmerksamkeit ist auf diesen Vorgang konzentriert. Er hört offenbar nicht, daß ich ihn anspreche, leise immer wieder seinen Namen rufe. Nun öffnet er kurz seine Augen, die Hand fährt zwischen die Lippen, er beginnt zu saugen, zieht nach einer Weile die Finger wieder zurück, sie tasten zur Wange hin, und er beginnt mit dem Streicheln aufs neue, wodurch der Saugreflex wiederum ausgelöst wird.

Ich sehe fasziniert zu. Gleichzeitig versuche ich, seine Aufmerksamkeit zu wecken, ihn ein bißchen zu streicheln, ihn anzusprechen, seine Blicke auf mich zu lenken.

Aber er nimmt mich nicht wahr.

Ich wünsche mir, daß er mich mit seinen Blicken sucht oder auch berührt, aber er ist nur mit Wange-Streicheln und Saugen beschäftigt.

Ich bin enttäuscht, unsicher. Nach zwei Tagen Trennung habe ich das Bedürfnis, von ihm angenommen, als Mutter akzeptiert zu werden.

Der Hunger gewinnt plötzlich die Oberhand. Das Streicheln wird seltener, das Nuckeln intensiver, zielgerichteter, die Spannung in Armen und Beinen vergrößert sich. Gleich wird er schreien.

Die Säuglingsschwester ist noch nicht bei uns angekommen. Wir sind immer noch nicht ‹dran›.

Kurzentschlossen schiebe ich ihm die Brustwarze in den Mund und schiele dabei zur Säuglingsschwester hinüber. Sebastian kapiert augenblicklich, wie die Sache funktioniert – glücklicherweise. Ich bin stolz – auf ihn, weil er mich nicht blamiert, auf mich, weil ich ihn satt und zufrieden machen kann. Aber da ist noch ein anderes Gefühl, das mich irritiert: Selbstzweifel, Ärger. Als Nahrungsquelle scheine ich zu funktionieren, als Mutter sieht er mich nicht einmal an.

Ich habe mich später oft gefragt, warum so eine banale Verhaltensweise meines Kindes zu so negativen Wochenbettgefühlen und zu Selbstzweifeln bezüglich meiner ‹Fähigkeiten› als Mutter geführt hat.

Waren die Bedingungen der Geburt daran schuld, daß mein Verhältnis zu Sebastian gleich am Anfang eine Störung erfuhr? Oder waren es meine Erwartungen?

Ich hatte gegen den Willen der Familie mit achtzehn Jahren geheiratet und Sebastian als Grund zur Heirat herbeigewünscht. Mit dem Kind wollte ich mir und meiner Familie meine Selbständigkeit und mein Erwachsensein beweisen. Angesichts der feindlich gesonnenen Umwelt und der schlechten finanziellen Verhältnisse, in denen wir damals lebten, fühlte ich mich existentiell darauf angewiesen, daß wir beide – Sebastian und ich – zusammenhielten und gleich einen Draht zueinander bekamen.

Statt dessen – so empfand ich es – lutschte er nur an seinen Fingern und hielt es nicht für wichtig, mich wenigstens wahrzunehmen.

Ich konnte mir nicht klarmachen, daß sein Sich-mit-sich-selbst-Beschäftigen keine Abwehr gegen mich als Mutter war, sondern Folge der Einsamkeit im Babyzimmer, die er zwei Tage lang hatte hinnehmen müssen: ohne andere Menschen, ohne mich hatte er gelernt, sich selbst als Quelle von Lust zu nehmen.

Gewiß hatte die Bitterkeit, die seine ‹Reaktion› in mir auslöste, zwei Faktoren zur Ursache. Einmal waren da meine übergroßen Erwartungen an Sebastian, dieser große Wunsch, Sebastians Zuwendung zu spüren, in seinem Verhalten jene Solidarität zu erkennen, die ich in meiner Situation so dringend benötigte.

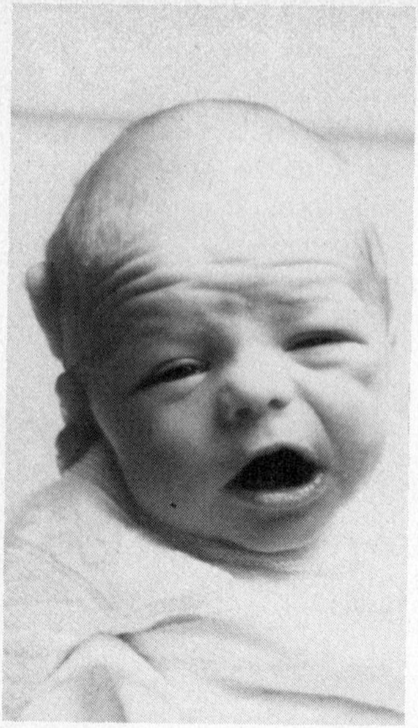 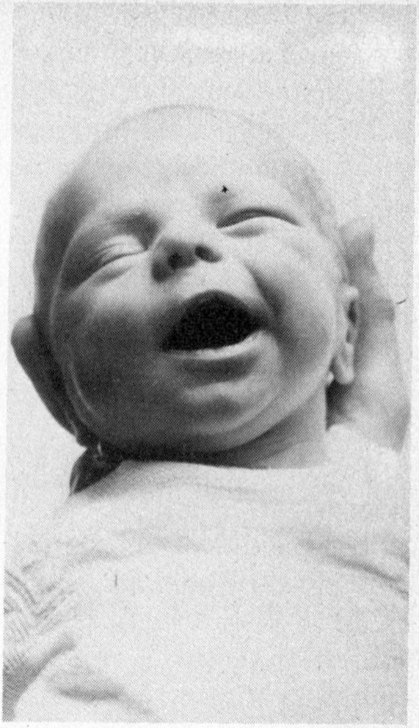

Und dann war da das seelenlose Auseinanderreißen von Mutter und Kind in den ersten zwei Tagen, das Sebastian auf sich selbst zurückgeworfen hat. So mußte er sich mit sich selbst beschäftigen, konnte meinen Bedürfnissen nicht entsprechen.

Beides mußte zusammenkommen. Wäre nur einer von beiden Faktoren weggefallen – hätte ich nicht dieses ungeheure Bedürfnis nach Zuwendung empfunden und mein Kind einfach so annehmen können; wäre Sebastian von Anfang an bei mir gewesen und hätte sich nicht selbst helfen müssen –, diese Kommunikationsstörung hätte es nicht gegeben.»

Das mag die folgende Geschichte von Gunhild unterstreichen. Ihr Sohn Tiemo, der zweite, kam in einem rooming-in-Krankenhaus zur Welt, wo sie ausschließlich positive Erfahrungen in den ersten Lebenstagen des Kindes machte. Gleich nach der Geburt behielt sie das Kind bei sich, konnte es sofort zum Stillen anlegen und brauchte es nicht einmal in der Nacht ins Babyzimmer zu geben.

«Ich hab mich nach dieser Geburt nicht leer und deprimiert gefühlt wie damals bei Felix, der mir gleich weggenommen wurde.

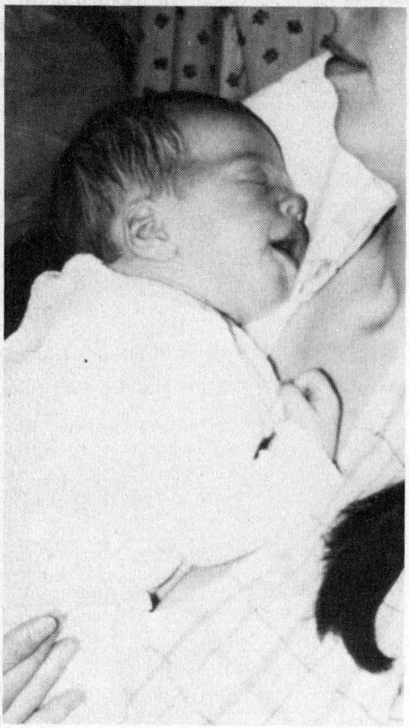

«Ich war unbeschreiblich glücklich und stolz auf ihn. Niemand kam und nahm ihn mir weg.»

Bei Tiemo konnte ich gleich nach der Entbindung ein Verhältnis zu ihm aufbauen, er hat mich und auch Helmut schon im Kreißsaal angesehen, beruhigte sich sofort nach dem Geburtsschrei, als ich ihn streichelte und mit ihm sprach. Ich war unbeschreiblich glücklich und stolz auf ihn, beobachtete ihn stundenlang im Wochenbett. Und niemand kam und nahm ihn mir weg. Die Schwestern halfen, wenn ich sie bat. Aber sie gaben mir nie das Gefühl, daß ich ohne sie mein Kind nicht versorgen könnte. Ich fühlte mich als Mutter angenommen, und Tiemo gab mir mit seiner Zufriedenheit, seinem guten Trinken und seinen Blicken viel Bestätigung für meine Mühen.»

Gewiß ist: Die Bedingungen in Tiemos Geburts-Klinik haben sich auf die ersten Kontakte und die Beziehung zwischen Mutter und Kind positiv ausgewirkt. Von Anfang an nahm Tiemo Blickkontakt zu Mutter und Vater auf. Während des gesamten Klinikaufenthaltes wurde er nie gegen den Willen der Mutter von ihr getrennt. Beim geringsten Zeichen von Unwohlsein wurde er in den Arm genommen; so war er nicht auf Befriedigung durch sich selbst angewiesen. Und so vermittelte er seiner Mutter jedesmal das Gefühl: «Wir beide kommen schon miteinander zurecht. Ich kann ihn trösten.» Aber seine Mutter hatte auch keine übersteigerten Erwartungen und Ansprüche an ihn. Tiemo konnte sein, wie er war – er enttäuschte seine Eltern nicht.

In den letzten beiden Geschichten ging es darum, wie unsere Erwartungen und äußere Bedingungen zusammenspielen, wenn Schwierigkeiten beim Verstehen auftauchen. Aber es müssen nicht nur konkrete Erwartungen an Kinder sein, über die wir stolpern. Bei der folgenden Geschichte, die Inga mit ihrem Sohn Konrad erlebte, war es etwas anderes.

Ich wollte Konrad fördern

Konrad hatte wegen einer Rhesusunverträglichkeit nach seiner Geburt fünf Wochen im Krankenhaus bleiben müssen, bevor er endlich zu uns entlassen wurde.

Seit der Geburt habe ich ihn erst zweimal gesehen. Eben hat er nach seinem ersten Schlaf seine erste Mahlzeit im Elternhaus bekommen. Er scheint eine Wachphase zu haben. Ich stehe an seinem Körbchen und betrachte ihn. Ich mache mir Sorgen: Er ist noch so winzig, sieht immer noch wie ein verschrumpeltes Neugeborenes aus. Wird er jemals aus seiner hilflosen Passivität zu einem kräftigen, sich die Welt erobernden, neugierigen Säugling heranwachsen?

Damit er etwas Buntes und Fröhliches anzuschauen hat, hänge ich ihm eine Kette aus dicken, glänzenden, farbigen Holzkugeln an die Seite des Körbchens. Er sieht sie nicht an. Trotzdem geht offensichtlich etwas in ihm vor. Seine Arme und Beine strecken sich etwas, er atmet heftiger. Um seine Aufmerksamkeit und seine Blicke auf die Kette zu lenken, bewege ich die Kugeln ein bißchen. Er streckt im Schreckreflex die Arme aus, spreizt die Finger. Das bedeutet Angst! Ich nehme die Kette weg. Aber Konrad reagiert nicht, wie ich es erwartet habe, mit Erleichterung, sondern er verzieht das Gesicht, als wolle er gleich losbrüllen. Schnell hänge ich die Kette wieder an ihren Platz. Konrad entspannt sich, macht Saugbewegungen mit dem Mund, schaut dabei zur Seite, wirkt zufrieden, macht keinen Versuch, die Kette mit den Blicken zu fangen.

Weil ich aus seinen spärlichen Äußerungen nicht erkennen kann, was er will, gebe ich das Spiel auf. Für einige Zeit verlasse ich den Raum, um mich seinem Bruder zuzuwenden und mit diesem zu spielen. Dann gehe ich wieder zu Konrad und erwarte, ihn friedlich schlafend zu finden. Was ich tatsächlich sehe, fasziniert, befremdet, erschreckt mich:

Konrad hat seine dünnen Arme weit von sich gestreckt wie Antennen, der eine bewegt sich unsicher, ruckartig in der Nähe der glänzenden Kugeln. Der magere Hals ist ausgestreckt wie bei einer hungrigen Schildkröte, die Augen sind weit geöffnet, Zunge und Lippen machen Bewegungen, als wollten sie etwas fassen. Seine Beine strampeln rhythmisch abwechselnd unter der Decke. Das ganze Kind ist in Aufregung, ein einziges Haben-Wollen, Begreifen-Wollen, Verstehen-Wollen.

Ich verstehe ihn und bin begeistert, mit welcher Hingabe Konrad versucht, der Kette nahezukommen. Weil er noch nicht einmal ansatzweise greifen kann, möchte ich ihm helfen, ihm die Lösung seines Problems abnehmen, ihn zur Ruhe kommen lassen.

Ich drücke ihm die rote Kugel in die Hand, die sich, wie bei jedem Neugeborenen, reflexartig darum schließt.

Ich denke: Jetzt hat er sie und ist zufrieden.

Das Gegenteil ist der Fall.

Seine Energie verpufft wie die Luft aus einem Luftballon.

Er hört auf zu strampeln, der Mund schließt sich, die Augen bekommen wieder den etwas stieren, schläfrigen Blick und schließen sich halb.

Was ist geschehen?

Ich habe versucht, ihm nach der langen Trennung eine Freude zu machen. Aus der Befürchtung heraus, daß er einen erheblichen Entwicklungsrückstand hat, habe ich versucht, ihn zu ‹fördern›. Weil er so hilflos und schwach wirkte, wollte ich ihm behilflich sein, ihm Frustrationen ersparen. Alle diese Versuche haben das Gegenteil von dem bewirkt, was sie sollten: Das Klappern hat ihn geängstigt, das Hin-und-Her-Gehänge hat ihn verwirrt. Daß ihm die Kugel in die Hand gegeben wurde, hat ihm die eigene Erfahrung weggenommen, es selbst zu tun, die Lust, die Neugier getötet.

So klein, so schwach und kaum lebensfähig er auch schien, so groß war in ihm der Drang, sich die Welt zu erobern und sie zu erkunden. Da wäre es gut gewesen, wenn ich mir selbst hätte klarmachen können: Du kannst ihm auch nicht den kleinsten, lächerlichsten Schritt in diese Richtung abnehmen (ohne ihn zu berauben).

Dabei glaube ich auch heute noch, daß meine Angst, Konrad habe etwas ‹versäumt›, als er die fünf Wochen im Krankenhaus war, keineswegs ‹irrational› war. Aber was er da versäumt hatte, das konnte ich ihm nicht einfach hinüberreichen. Er mußte seine Erfahrungen selber machen – und hat sie auch gemacht.

Aus dem Vorsatz «Ich will doch nur dein Bestes» entspringen alle pädagogischen Hilfen für Kinder und alle Lern- und Förderprogramme – auch schon für die ganz Kleinen. Sie unterstellen – zu Unrecht –, daß das Kind letztlich hilflos, nicht von sich aus in der Lage ist, sich aus der Umwelt zu holen, was es an «Lernangeboten» braucht, sondern daß es von fachkundigen Erziehern an alles herangeführt werden muß. Diese Annahme ist nicht nur falsch, sie ist außerordentlich schädlich. Sie verhindert das aktive Lernen des Kindes, weil jede Art von Belehrung fertige, vom Erzieher gefundene Lösungen vorgibt, die das Kind um den eigenen Lernprozeß und das eigene Erfolgserlebnis bringen.

Ohne böse Absicht entmündigen viele Eltern ihre Kinder dadurch, daß sie sich abstrampeln, dem Kind tausend Dinge ins Kinderzimmer zu schaffen, die in irgendeiner Form etwas mit «Bildung», «Lernspielzeug» usw. zu tun haben.

Das Kind aber braucht statt dessen Erfahrungen, Anregungen, Probleme, die es lösen muß – d. h. Teilhabe am Leben. Wenn man es läßt, sucht es sich entsprechend seiner geistigen Reife, seinen Fähigkeiten und Bedürfnissen genau das richtige Maß an Lernerfahrungen aus.

Dies betonen wir besonders im Hinblick auf Säuglinge und behinderte Kinder, die durch ihre vermeintliche Abhängigkeit, Hilflosigkeit, Schwäche und «Sprachlosigkeit» die Eltern oder Erzieher dazu verführen, sie als Förderobjekt zu mißbrauchen.

Die allenthalben zu beobachtende Förderung im Hinblick auf kleine Kinder hat noch einen anderen Hintergrund. Wir gehen meist davon aus, daß ein Kind in einem bestimmten Alter bestimmte Fertigkeiten erlangt haben sollte. Daran sind einmal Normen beteiligt, die allgemein «gehandelt» werden, die wir übernommen haben und als verbindlich betrachten. Aber hinter solchen Vorstellungen verstecken wir oft auch unsere ganz persönlichen Wünsche.

Dieses Feuchte, dieses Harte, dieses Weiche ... diese Neugier!

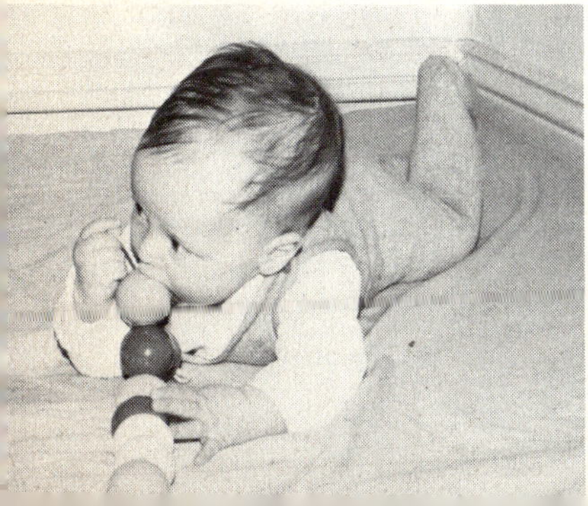

Warum fällt es uns so schwer, den Fähigkeiten des Kindes zu vertrauen? Hängt das vielleicht auch mit eigenem Mangel an Selbstvertrauen zusammen und mit der allgemeinen Verunsicherung in der Welt, wie wir sie jetzt erleben?

Auch *für die Krippe* gilt: Wenn Kinder genügend eigene Erfahrungen machen können, sind sie ausgefüllt, machen sie ohne besondere Förderung Lernerfahrungen, entwickeln sich gut und sind zufrieden. Eine uns bekannte Krippenleiterin bezeichnet es deshalb auch als ihr größtes Anliegen, Freiräume zu schaffen und die Bereitschaft der Erzieher dafür zu wecken, den Tagesablauf der Kinder möglichst wenig einengend zu gestalten.

«Seit wir hier altersgemischte Gruppen haben, ist die starre Routine abgelöst worden von mehr Lebendigkeit und Abwechslung im Tagesablauf. Jedes Kind hat zu jedem anderen Gruppenzimmer Zutritt, und alle machen rege davon Gebrauch, auch die ganz Kleinen krabbeln über den Flur und besuchen sich gegenseitig.

Wir haben in unserem ziemlich alten Haus jeden irgendwie nutzbaren Quadratmeter für die Kinder hergerichtet: In der Küche können die Kinder stundenweise mit uns kochen und matschen oder auch mal malen und mit Ton spielen. Nichtgenutzte Besenkammern haben wir zu Puppen- und Kuschelecken umfunktioniert, die Turngeräte auf den Fluren haben wir selbst ausgedacht. Und unsere Meerschweinchen - das darf ich gar nicht laut sagen, wir dürfen sie nämlich laut Hygienevorschriften gar nicht halten – sind ein wahrer Schatz an Anregungen und Erfahrungen für die Kinder. Zum Glück habe ich auch einige hilfswillige Eltern und auch viele Praktikanten, die die Kinder gut kennen und die, wenn sie Zeit haben, mit ihnen malen oder etwas einsäen oder Schuhe putzen ... Das klappt prima!»

Was hindert uns Erwachsene, die Kinder zu verstehen?

Die Geschichten – von Tiemos unerklärlichen Elf-Uhr-Schreien bis zu Konrads Reaktionen auf die ängstlichen Bemühungen seiner Mutter, ihn zu «fördern» – zeigen einen Ausschnitt jener

Wechselbäder, in die Kinder uns mit ihren Reaktionen bringen, an denen wir Erwachsene aber auch mit unseren eigenen Erwartungen, mit unseren Ängsten und daraus hervorgehendem «Nicht-verstehen-Können» beteiligt sind.

Ebenso wie Verstehen ein Wechselspiel zwischen allen Beteiligten ist, ist es auch das Nicht-Verstehen.

Mit Skizzen, Notizen und Geschichten wollen wir in solche Zusammenhänge hineinleuchten, um zu helfen, eigene Blockierungen wahrzunehmen, mit ihnen umzugehen und so «Verstehen» zu erleichtern.

So steht nicht allein, wie der Titel des Buches lautet, die Frage im Vordergrund: «Was will das Kind denn bloß?» Sondern gleichberechtigt daneben steht die Frage: «Was hindert mich, den Erwachsenen, das Kind zu verstehen?»

Folglich gruppieren sich einige der Kapitel dieses Buches um problematische und schwierige Situationen, wie z. B. Sexualität der Eltern usw.

Aber es geht nicht nur darum, wir sagten es schon, glattes Funktionieren zu ermöglichen. Es geht auch um die Erfahrung, daß es Situationen gibt, die nicht auflösbar erscheinen, mit denen wir nicht umgehen können. Und das muß kein Grund zur Verzweiflung sein. Schließlich und endlich müssen wir mit uns, unseren Kindern, unserem Leben anders umgehen als mit einem Haushaltsgerät, das nach Gebrauchsanleitung zu funktionieren hat und das wir in die Ecke werfen, wenn es mit ihm nicht klappt.

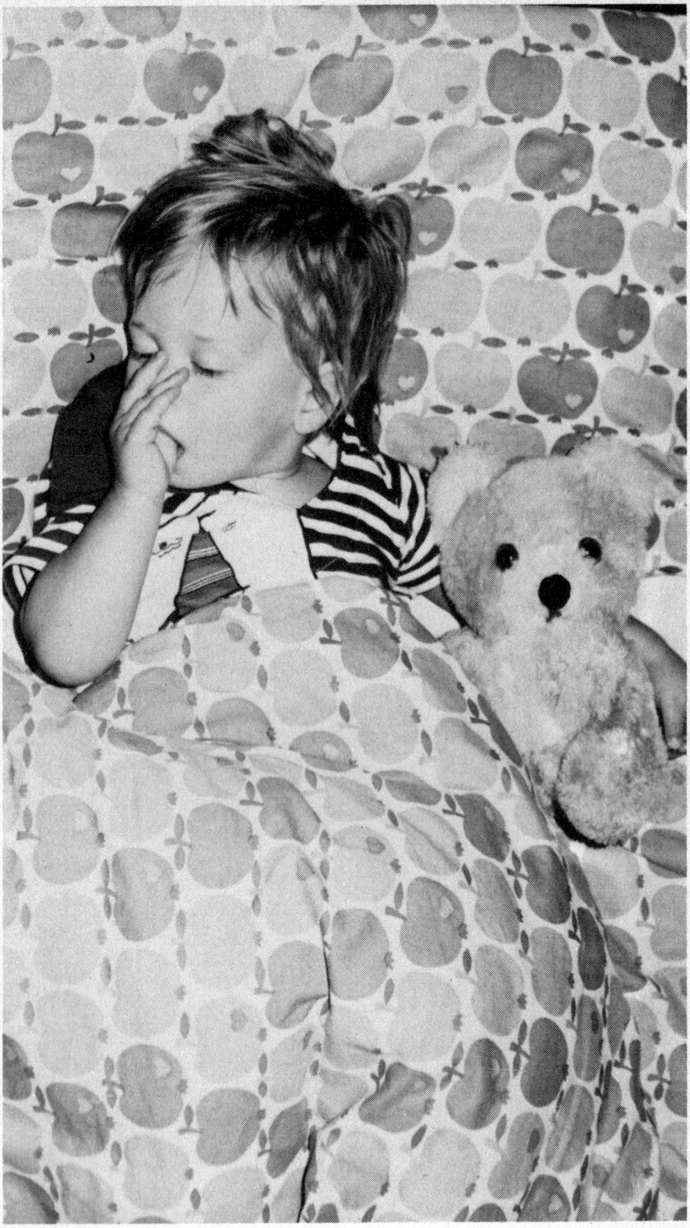

Kapitel 2

Spiel mit sich selbst: Kann daraus nicht ein Tick entstehen?

Felix ist drei Monate alt und liegt in seinen Wachzeiten gerne auf einer Matratze bei uns im Wohnzimmer. Er ruht lange zufrieden auf dem Rücken, schaut vor sich hin und tut nichts anderes als zu versuchen, seine Hände über dem Brustkrob zusammenzubringen. Hat er es geschafft, so verschränkt er die Finger ineinander und befühlt ausgiebig die eine Hand mit der anderen.

Plötzlich macht er etwas Neues. Er hält inne, streckt seinen linken Arm immer wieder steif von sich, knickt ihn rechtwinklig im Ellenbogen ab und zielt den abgespreizten Daumen in Richtung Mund. Manchmal trifft er, manchmal geht's daneben. Seine Augen folgen konzentriert den Bewegungen des Armes. Er übt und übt konzentriert und voller Hingabe das Zielen in den Mund, wiederholt fortwährend die gleichen Bewegungen.

Ich (Gunhild) finde seine ständigen Wiederholungen eintönig. Es fällt ihm nichts Neues ein. Kann sich das nicht zu einem Tick entwickeln? Vielleicht müssen wir mehr mit ihm spielen, ihn von sich ablenken? Andererseits sieht er ganz zufrieden aus. Also lasse ich ihn weitermachen.

Ich habe Erwartungen an das Spielen meines Sohnes, die er nicht erfüllt. Wenn ich selbst eine einfache Bewegung lerne, gucke ich sie mir ab, wiederhole sie ein paarmal, und dann kann ich sie. Daß Felix sich so lang und so voller Hingabe mit einer einzigen Bewegungsabfolge beschäftigt, kommt mir absurd vor.

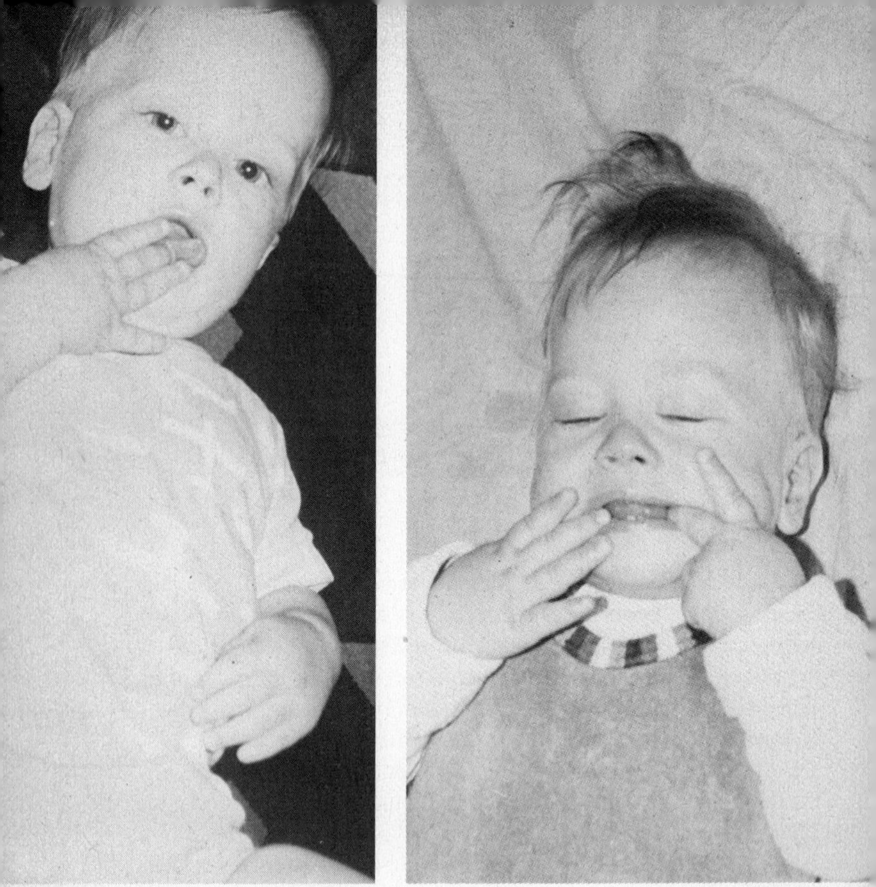

Widerwillen erregt es bei manchem, wenn er beobachtet, wie Kinder sich ihres wichtigen Erkenntnis-Organs «Mund» bedienen. Wie mit diesem Widerwillen umgehen?

Erst Jahre später – während meines Studiums – lerne ich, daß Säuglinge alle neuen Bewegungsmuster ungezählte Male wiederholen. Sogar im Schlaf setzen sie ihre «Übungen» fort, sofern sie genügend Bewegungsfreiheit haben. Ich erinnere mich, daß ich das oft bei Felix beobachtet habe, z. B. wenn er das Po-Hochstrekken und Knie-Durchdrücken tagsüber unermüdlich «probte» und auch im Schlaf wiederholte.

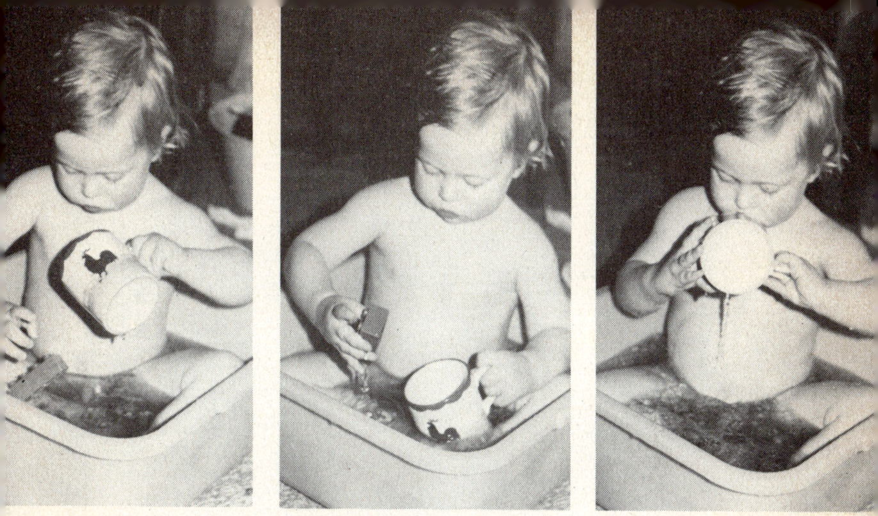

Unermüdlich – immer wieder, immer wieder und wieder und wieder und wieder: normal oder Ausdruck von düsterer Stupidität?

*

Es ist Sonntagmorgen. Nach dem Frühstück sitzen wir gemütlich am Tisch, Felix (sieben Monate alt) auf meinem Schoß. Er steckt sich abwechselnd einen Eierlöffel und seine Hände in den Mund und babbelt: gra gra, da da ...

Ich habe Lust mitzuspielen und mache ihm einen neuen Laut vor. Wenn ich die Zungenspitze an der Oberlippe vom linken zum rechten Mundwinkel und zurück gleiten lasse, klingt das wie «lödl, lödl». Neugierig, ja gebannt starrt er auf meinen Mund, steckt mir nach einer Weile den Eierlöffel in den Mund und fühlt in seiner Hand das Hin und Her meiner Zunge sowie das Vibrieren der Töne in meiner Mundhöhle.

Plötzlich schlägt er mit dem Löffel nach meinem Mund, wird unruhig und guckt ganz finster. Das heißt unmißverständlich: hör auf! Ich verstumme, bin betroffen und sehe, wie er jetzt seine Finger in den Mund steckt und selber den «lödl»-Ton ausprobiert. Erst bewegt sich seine Zunge träge und langsam, die Töne klingen verzerrt, er starrt ganz konzentriert vor sich hin, und langsam gleitet die Zunge immer geschickter im Mund hin und her, bis er das «lödl»-Machen raus hat.

Wie jede andere neu erworbene Fähigkeit übt er auch diese tagelang – bis es uns auf die Nerven geht.

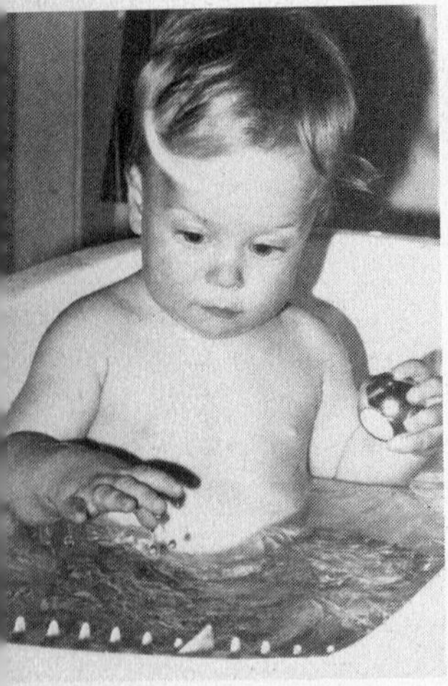

Dieselbe Zeit. Ein warmer Sommertag. Felix ist immer noch sieben Monate alt. Er liegt, nur mit Windelhose und Hemd bekleidet, auf einer Decke im Wohnzimmer in der Sonne. Er räkelt sich genüßlich, streckt alle Glieder aus und wälzt sich langsam zur Seite, auf den Rücken, auf den Bauch. Er legt sich gerade auf den Rükken, zieht seine Beine an, streckt beide Arme vor, hält sie so eine Sekunde lang und ergreift seine Füße.

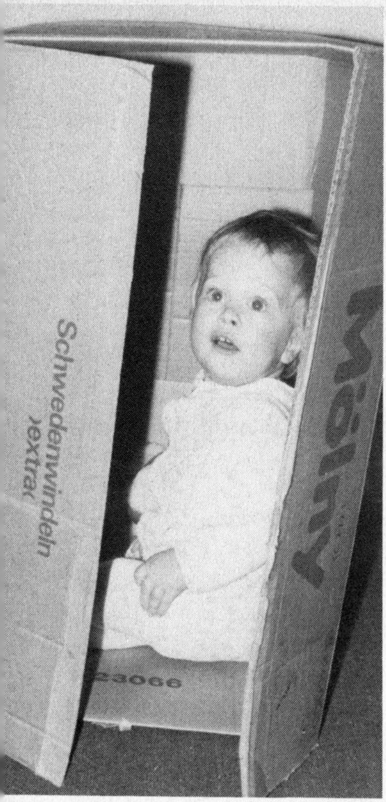

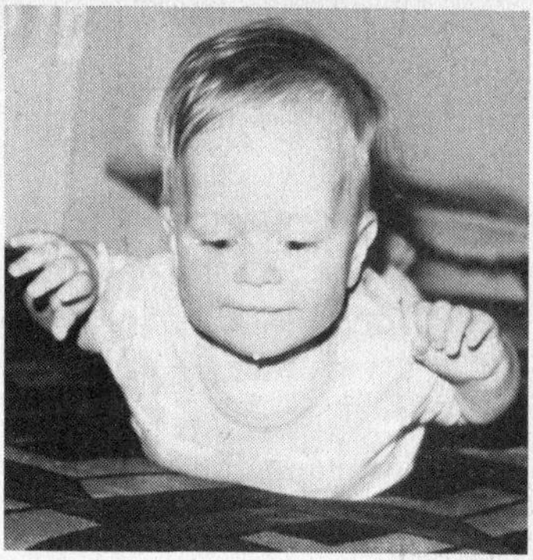

In Sicherheit, in der Nähe der schützenden Erwachsenen, erkunden: das Wasser, Luft und Sonne, die Spannkraft des Körpers, Verstecke und Höhlen.

Die kleinen Zehen befühlt er lange, läßt sie dann wieder los, um sie wieder im gleichen Bewegungsablauf einzufangen. Dabei ist ihm seine Kleidung offenbar hinderlich. Ich traue meinen Augen nicht. Er strampelt so heftig und so geschickt, daß er seine Windelhose abstreift. Jetzt sieht er richtig entspannt und zufrieden aus.

Was, wenn er jetzt «muß»? Ich betrachte sein weiteres Spiel unter leichter Anspannung – sprungbereit.

Während er das Zehenfangen viele Male wiederholt, lallt er begeistert; dicke Blasen von Spucke bilden sich dabei um seinen Mund. Das Spiel hat ihn angestrengt. Er rollt sich auf den Bauch und nuckelt ausgiebig, schmatzend und genüßlich. Er zieht die Knie unter den Bauch, der Po ragt hoch. Er mag nicht mehr nackt spielen. Ich bin erleichtert, daß er nicht gepiescht hat, ziehe ihn warm an, und er ist – für mich wohltuend – müde und zufrieden.

*

Sich mit sich selbst beschäftigen ist uns allen – man denke nur an Selbstbefriedigung! Onanie! – suspekt. Wenn wir dies bei Kindern beobachten, löst es leicht Ängste aus – möglicherweise Ängste, die daher rühren, daß uns die Beschäftigung mit dem eigenen Körper, als wir selbst noch Kinder waren, nicht gestattet wurde.

Vielleicht ist das auch ein Grund dafür, daß wir Kindern nur selten Gelegenheit geben, sich ohne die hemmende Kleidung genüßlich mit ihrem Körper zu beschäftigen. Vielleicht hatte auch meine Angst, die sich darauf konzentrierte, Felix könnte pieschen, mit dieser allgemeinen Schwierigkeit zu tun, das Selbsterkunden des Körpers als etwas Normales und Natürliches zu akzeptieren.

Hier gibt es allerdings schon eine Schwierigkeit. Ich weiß nun, daß Kinder dieses Selbsterkunden brauchen, daß es etwas Normales, ja geradezu Notwendiges ist. Es ist aber naiv, daraus den Schluß zu ziehen, mit diesem Wissen sei nun alles in Ordnung, wer so Bescheid weiß, könne sich nun richtig verhalten. Das ist nicht der Fall. Unsere Empfindlichkeit gegenüber dem Anblick eines Kindes, das sich selbst betastet, wird durch dieses Wissen überhaupt nicht oder doch kaum berührt. Unsere alten Ängste, die damit verbunden sind, werden genauso wach, als wüßten wir nichts davon, daß Selbsterkundung des Säuglings «normal» ist. Und die Wahrnehmung dieser negativen Gefühle kann leicht, weil wir uns darüber ärgern, zu noch größerer Verkrampfung führen.

Die Kinder merken das. Sozusagen durch «seelische Anstekkung» wirkt sich unsere Spannung so aus, daß das Kind mit der Zeit die Selbsterkundung einstellt.

Wirklichen Fortschritt gibt es hier nur, wenn wir als Erwachsene uns mit unserer Abneigung und unseren negativen Gefühlen angesichts solcher Selbsterkundung auseinandersetzen, ihnen nachspüren, um sie mit der Zeit zu verlernen, und damit auch unseren eigenen Körper als etwas erleben können, mit dem sich zu beschäftigen schön ist.

In der Krippe fällt es oft schwer, die Bedürfnisse der Kinder nach körperlicher Selbsterfahrung wahrzunehmen und ihrer Entfaltung Raum zu geben. Aber es ist nicht unmöglich.

Christel betreut sechs Säuglinge von drei Monaten bis einem Jahr. Sie hilft sich so: Wenn die Praktikantin da ist, wenn mal Kinder krank sind oder die Gruppe aus anderen Gründen nicht komplett ist, gibt sie ab und zu einem Kind mehr Zeit beim Wickeln zum Nacktstrampeln und Sich-Befühlen.

Auch das Tragetuch ist eine Hilfe: Sofern Gelegenheit ist, trägt sie ein Kind mit sich herum. Das Baby erfährt durch den engen Körperkontakt mit Christel seine eigene Körperlichkeit in der Abgrenzung zu ihr. Mit dem ganzen Körper spürt es ihre Wärme. Das Baby kann das Gesicht von Christel ertasten – und dies in einem Gefühl der Sicherheit und des körperlichen Wohlgefühls. Das gefällt den Kindern. Christel schafft den Kindern auch dadurch Bewegungsfreiheit und die Möglichkeit zum gefahrlosen Sich-Begreifen, daß sie eine große Schaumstoffmatte – je nach Witterung – in das Krippenzimmer oder draußen auf den Rasen legt.

So befremdlich und irritierend die Zuwendung des kleinen Kindes zu sich selbst sein kann, so aufregend und ängstigend kann andererseits auch das gegenteilige Verhalten auf uns wirken. Mit Neugier und Ängsten, die sich beim Erkunden der Umwelt einstellen können, beschäftigen sich die nächsten beiden Kapitel.

Kapitel 3

Oh, diese Neugier!

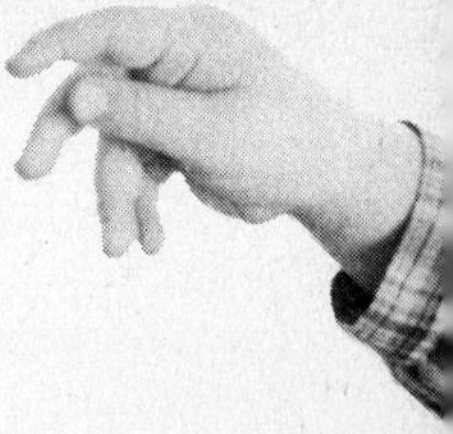

Weihnachten. Sebastian ist sieben Monate und Mittelpunkt des Geschehens. Peter, meine Schwester und ich (Inga) sind dabei.

Er hat mich immer wieder aufgefordert, ihn hochzunehmen, mit ihm auf Entdeckungstour zu gehen.

Momentan fesselt ihn ein Perlmuttknopf an meiner Bluse. Trotz Ziehen, Zerren und Drehen mit den Fingern und Beißen mit dem Kiefer geht er nicht ab. Ich fürchte um den Knopf und habe auch keine Lust, mit offener Bluse dazusitzen. So versuche ich, Sebastian mit einem Keks abzulenken. Den steckt er, anscheinend uninteressiert, in den Mund. Krümel regnen auf den Fußboden nieder.

Mit zum Tannenbaum ausgestreckten Armen plappert er, neigt sich in die Richtung, stößt mich, weil ich offenbar begriffsstutzig bin, mit den Füßen, strampelt, und so dirigiert er mich ganz dicht an den Tannenbaum heran. Die glänzenden Tannennadeln fesseln ihn. Ich habe den Eindruck, daß ihm bei ihrem Anblick das Wasser im Mund zusammenläuft. Er faßt die Nadeln vorsichtig mit den Fingerspitzen an und zieht die Hände schnell wieder zurück, macht Fäuste, offensichtlich haben die Spitzen ihn gepiekt. Trotzdem faßt er noch einmal zu, steckt einzelne Nadeln prüfend in den Mund, spuckt sie blitzschnell mit leicht schmerzverzogenem Gesicht wieder aus, statt dessen wandern die Finger wie zur Beruhigung zwischen die Lippen. Dann aber noch einmal in den Mund mit den Tannennadeln, wieder dieses kurze Entsetzen und Abwenden.

Und schon in der nächsten Sekunde etwas Neues.

Ein blankes, schillerndes Glas mit einem Rest Kognak steht auf dem Tisch. Meine Schwester hat bisher schweigend, wie versteinert, aber genau beobachtend dagesessen. Jetzt platzt sie heraus: «Nein! Das geht zu weit! Das ist gefährlich. Das darfst du nicht!»

Ich bin unsicher, weiß nicht genau, was ich machen soll. Ich trinke schnell den Rest Kognak aus, stelle das Glas wieder hin. Prompt angelt Sebastian es sich. Meine Schwester versucht, es ihm wegzunehmen, er zieht es an sich, kämpft darum. Schließlich gibt sie nach. Meine Unsicherheit ist einer gewissen Angst gewichen. Angespannt beobachte ich Sebastian. Hoffentlich beißt er nicht in das Glas. Aber er streicht langsam mit der Zunge über die bauchige Wandung, und zusammenzuckend zieht er sie zurück, als er ein winziges Tröpfchen vom Kognak erwischt hat. Noch ein prüfendes Lecken – und er wendet sich ab, läßt sich auf den Schoß nehmen und späht entspannt umher, bleibt einen Augenblick ruhig sitzen.

Neues Ziel seiner Aufmerksamkeit ist sehr bald der «bunte Teller». Aber ich habe keine Lust mehr, ihn auch noch dorthin zu tragen; ich bin der Meinung, ihm genug Gelegenheit zur Befriedigung seiner Neugier gegeben zu haben.

Prompt rutscht er von meinen Knien, robbt zum Tisch und zieht vorsichtig den Teller darunter hervor. Das Zuckerzeug fegt er hinunter. Die darunter sichtbar werdende Pappe mit dem kontrastreichen Muster betrachtet er länger, dann zerrt er mit dem Mund daran herum, bekaut das Papier, reißt Fetzen ab und betrachtet sie. Die Veränderungen machen den Pappteller offensichtlich immer interessanter. Allmählich wird daraus glitschiger, grauer Matsch.

Sebastian genießt es, den Matsch durch die Finger zu quetschen. Die Ekelgefühle und Zeichen von Verunsicherung auf unseren Gesichtern nimmt er offenbar nicht wahr. Er ist ganz das Bedürfnis, sich den Dingen, die für ihn neu (aber nicht zu neu) sind, zuzuwenden. Er ist offenbar ganz «Neugier».

Von der Angst zur Behinderung

Neugier ist eines der Grundbedürfnisse, die zum Leben einfach dazugehören. Neugier ist sozusagen die Verbindung zwischen dem Lebewesen und den noch unbekannten Dingen seines Lebensraumes. Sie macht, daß das Kind sich seine Umwelt erobert, sie sich «verfügbar» macht, sie sich «aneignet».

Neugier ist das typische Verhaltensmotiv in aktiven Phasen. So wie Rückzug, Daumenlutschen, Schlafen typische (Rückzugs-) Verhaltensweisen bei Erschöpfung und Müdigkeit oder auch Erschrecken oder Angst, also in passiven Phasen sind.

Die Geschichte von Sebastian läßt erkennen, daß wir alle in unterschiedlicher Weise fähig sind, auf das Neugier-Verhalten eines Babys zu reagieren. Und dies auch in einer Situation wie am Heiligen Abend, wo uns der Kopf wenigstens nicht mit beruflichen und anderen Verpflichtungen voll ist.

Wie wir auf dieses neugierige Erkunden eines kleinen Kindes reagieren, hat viel damit zu tun, wie wir mit unserer eigenen Neugier umzugehen gelernt haben.

Davon unberührt ist natürlich die Verantwortung, die wir als Erwachsene einem kleinen Kind gegenüber haben, die sich z. B. auf das sichere Verschließen von elektrischen Steckdosen, auf das Wegtun von giftigen Substanzen usw. bezieht.

Aber hinter dem Satz «Ich bin dafür verantwortlich, daß mein Kind keine negativen Erfahrungen macht» kann noch mehr stekken. Nämlich eigene Angst, eigene Ängste vor Neuem überhaupt, die leicht zur Behinderung auch des Kindes werden.

Daß man Erfahrungen selber machen muß, ist ein tautologischer Satz: Es ist ein Unding, sich vorzustellen, daß andere Menschen an unserer Statt für uns Erfahrungen machen könnten. Sie können uns von *ihren* Erfahrungen berichten, wir können von ihren Erfahrungen profitieren, ihre Erfahrungen sind nie unsere Erfahrungen, und wir können ihre Erfahrungen auch nur verstehen, wenn wir selber ähnliche Erfahrungen gemacht haben.

So werden wir lernen müssen zu akzeptieren, daß niemand seinen Kindern wesentlich mehr Erfahrungsmöglichkeiten einräumen kann, als er inzwischen für sich selber gewonnen hat.

Auf Grund ihrer eigenen Vorerfahrungen und Möglichkeiten hätte meine Schwester dem winzigen Sebastian die Erfahrung mit

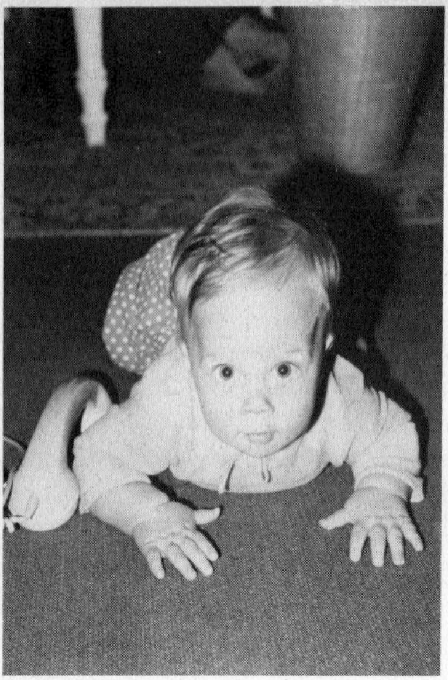

Entdecken: den Raum ...

... die Dinge ...

dem Glas nicht ermöglicht, die ich ihm erlauben konnte. Notwendigerweise hätte sie versucht, über ihren Schatten zu springen, weil sie z. B. gelesen hat, daß man Kindern ihre eigenen Erfahrungen ermöglichen bzw. erlauben muß, es wäre mit ziemlicher Wahrscheinlichkeit nicht gut gegangen.

Wer so gewaltsam mit sich selber umgeht, der riskiert Verkrampfung und Rückschläge: bei sich und dem Kind. Und wenn dem Kind dann etwas zustößt (was beinah schon eine zwingende Folge solcher Verkrampfung ist) wird das als «Beweis» dafür genommen, daß man es nicht hätte riskieren dürfen – und oft ist dann die Folge eine noch viel größere Ängstlichkeit und Zurückhaltung, die die Erfahrungen des Kindes einschränkt.

Da im Falle von Sebastian ja ich die Verantwortung hatte, konnte meine Schwester das Glas dann wieder loslassen. So sind im Umgang mit anderen Menschen, in entspannten Situationen auch für uns Erwachsene Erfahrungen möglich, die uns helfen können, jene Ängstlichkeit zu überwinden, gegen die frontal vorzugehen nicht nur sinnlos, sondern sogar gefährlich ist.

... den Lärm ...

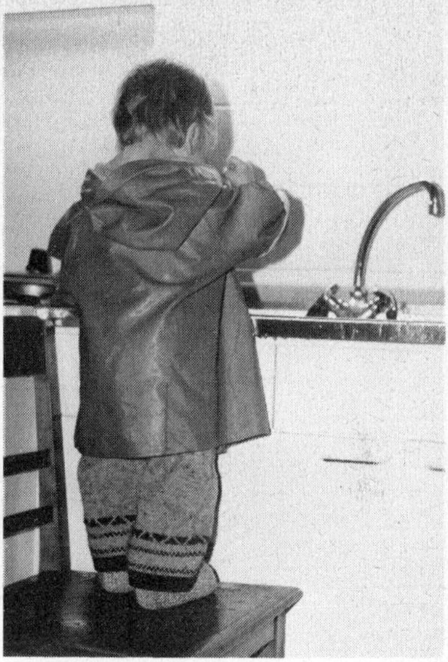

... die Arbeit.

Aber das bedeutet auch, immer wieder neu den Versuch zu leben, sich mit der eigenen Unzulänglichkeit auszusöhnen. Solcher Abbau von Ängsten und die damit einhergehende Veränderung von Erziehungsvorstellungen sind oft sehr schwierig, manchmal scheinen sie fast unmöglich zu sein.

*

Adrians Vater, zur Zeit «Hausmann», kümmert sich vormittags, wenn seine Frau ihrem Beruf als Lehrerin in der Schule nachgeht, um die Kinder, um Adrian, eineinhalb Jahre alt, und Claudia.

Der Vater ist sehr um die Ordnung in der Wohnung besorgt und verlangt von Adrian, nur in seinem Zimmer mit den Spielsachen zu spielen.

Adrians Mutter sieht das Problem, daß der Junge auf die Art und Weise in seinem Erfahrungsbedürfnis sehr eingeschränkt wird, und nimmt sich deshalb bewußt vor, ihn nachmittags frei und ohne Gängelung spielen zu lassen.

Da sie dabei praktisch gegen die Erziehungsnormen ihres Man-

nes verstößt und also die ganze Verantwortung auf sich nimmt, ist sie anfangs besonders ängstlich.

«Zum Beispiel bin ich noch vor zwei Monaten richtig hysterisch immer hinter ihm hergerannt, wenn er zum Spielplatz jenseits der Wiese laufen wollte, die direkt an unsere Terrasse grenzt. Er brauchte also weder Straßen noch Wege zu überqueren! Trotzdem hatte ich immer so wahnsinnige Angst. Ich dachte immer: ‹Was kommt jetzt als nächstes? Wo rennt er nun bloß wieder hin? Was stellt er nun wieder an?›

Diese irre Entdeckerwut brachte ihn doch dauernd in Gefahr, selbst in der Wohnung. Und ich mußte immer aufpassen wie ein Schießhund!

Es hat Monate gedauert, bis ich dahintergekommen bin, daß er wirklich nur zum Spielplatz wollte, wenn er weglief.

Ich laufe jetzt nicht mehr gleich hinterher, weil ich das weiß. Ich trau ihm inzwischen auch zu, daß er nicht gleich auf die Nase fällt. Irgendwie habe ich durch die Erfahrung mit ihm Zutrauen zu ihm gewonnen.»

Oft entlädt sich an den Nachmittagen bei Adrian seine aufgestaute und unterdrückte Neugier fast explosionsartig.

Adrians Mutter nimmt es als Bestätigung dafür, daß ihre Versu-

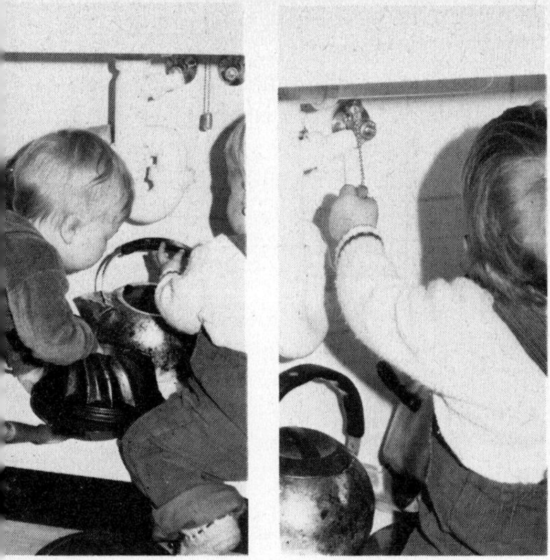

Der Haushalt – ein Reich voller spannender Geheimnisse. Manche überlastete Mutter, mancher nervöse Vater aber können solche Eroberungen nicht gestatten . . .

che, Adrian viel Bewegungsspielraum zu geben, richtig sind; zugleich aber entstehen hier neue Ängste.

Felix erobert sich die Welt

Gewiß ist die Geschichte von Adrian ein extremes Beispiel, da in der Regel die Erziehungsvorstellungen von Ehegatten nicht so weit auseinanderliegen werden, wie das bei Adrians Eltern der Fall ist.

Wir können diese Geschichte gut in Gegensatz bringen zu den folgenden – von Gunhilds Sohn Felix, seiner Neugier und den Erfahrungen, die er beim Selbständigwerden macht.

In diesen Geschichten wird sehr schön deutlich, wie die Kinder von der «sicheren Ausgangsbasis», welche allemal die Voraussetzung für Aktivität, Neugier und Erkunden ist, immer größere Erkundungen unternehmen.

Zugleich wird aber auch hier deutlich, daß solche gelingende Eroberung der Umwelt – ohne größere Störungen oder gar Katastrophen – nicht ohne Ängstlichkeit, Ungeduld und Unruhe bei der Mutter abgeht.

1. Vorstoß

Felix, zweieinhalb Jahre alt, Tiemo, zehn Monate, und ich gehen bei herrlichem Wetter zum Spielplatz. Während ich anfange, mit Tiemo im Sandkasten zu buddeln, geht Felix zu einem fremden Mann, der einige Meter weiter einen Ball in der Hand hält.

Felix fragt: «Woll'n wa jetzt mal Ball spiele?»

Der Mann willigt ein und bolzt und tobt mit dem Jungen neben der Sandkiste auf dem Rasen herum. Ich beobachte die Szene aus den Augenwinkeln, während ich mit Tiemo spiele. «Toll, daß er sich jemanden zum Spielen sucht!» schießt es mir durch den Kopf. «Ob er sich zufällig einen Vater ausgeguckt hat? Es sind ja fast nur Mütter hier auf dem Spielplatz.»

Plötzlich flitzt Felix weg. Mit dem Ballspielen ist er fertig. Quer über die riesige Rasenfläche rennt er zu einer Parkbank hin. Der Park ist nicht eingezäunt. Er könnte, falls er durch die Büsche wischt, zu den Straßen gelangen. Soll ich Tiemo unter den Arm klemmen und hinterherflitzen? Felix ist inzwischen mindestens dreihundert Meter entfernt, er unterhält sich offenbar mit einem Menschen auf der Bank. Ich warte einige Augenblicke, sprungbereit in seine Richtung. Da macht er auch schon kehrt und rennt wie ein Wiesel zurück zu uns. Ich atme auf. Es ist gutgegangen!

Strahlend kommt er an. «Mama und Tiemo sitzen in der Sandkiste», hat er zu dem Mann gesagt, und der Mann: «Das ist aber weit weg!» «Da bin ich schnell zu euch zurück!» Stolz, aber auch Verunsicherung lese ich in seinem Blick. «Ich habe aber Angst gehabt, weil du so weit weggegangen bist», kann ich ihm nur sagen. «Na, dann bleib aber jetzt ein bißchen bei uns», bitte ich ihn. Und er hält sich daran.

2. Vorstoß

Ein anderer Sommertag. Später im Jahr. Am selben Platz.

Ich zeige Felix ein Dreirad, das herrenlos am Sandkasten steht. «Vielleicht kannst du damit mal fahren?»

Er dreht sich um und fragt in die Menge von Müttern: «Wem gehört das? Darf ich mal fahren?»

Eine Mutter erlaubt es ihm, und gleich fährt er glücklich los;

zunächst bleibt er in der Nähe, klingelt und ruft von verschiedenen Orten: «Hier bin ich, Mama!»

Ich bin froh, daß er in meiner Nähe bleibt. Aber es dauert nicht lange, da fährt er auf den Asphaltwegen des Parkes hin und her. Wieder entfernt er sich erheblich von uns. Aber er dreht jeweils eine Runde und kommt zu mir zurück.

«Wie haben wir gelernt, mit unserer eigenen Neugier umzugehen?»

Unterstützt durch heftige Gestik, indem er mit seinen Armen einen Kreis in der Luft beschreibt, versichert er mir, er würde immer im Kreis fahren und wiederkommen.

Ich bin innerlich hin- und hergerissen zwischen Stolz auf so viel Mut und Selbständigkeit und Ängsten, die Entfernung betreffend. Es strengt mich wahnsinnig an. Mit meinen Blicken hüpfe ich von Kind zu Kind, prüfe, ob alles in Ordnung ist. Bewundernswert finde ich es, wie Felix es schafft, sich so weit von uns zu entfernen und mich zwischendurch zu beruhigen.

3. Vorstoß

Felix ist drei Jahre alt. Er kommt vom Spielplatz, wo er täglich unter Aufsicht einer Parktante mit Gleichaltrigen spielt. Aufgeregt erzählt er: «Bald gehe ich mit Johannes und seiner Mama und Papa zum Dom!»

Ich bin erstaunt und zweifle: «Was, ganz alleine?»

«Ja», sagt er – wie selbstverständlich.

Ich telefoniere mit Johannes' Eltern. Tatsächlich! Am Sonntag um fünfzehn Uhr soll es losgehen.

Es klingelt, Felix ist schon angezogen, ergreift ohne Zögern die Hand von Johannes' Vater und geht mit. Helmut und ich mit Tiemo auf dem Arm gucken ihm gerührt nach, wie er so mutig losstapft.

«Ein freier Nachmittag nur mit Tiemo, eine schöne Abwechslung!» habe ich mir gesagt. Aber schon nach zwei Stunden fange ich an zu grübeln: «Du, Helmut, ob wir ihm zu viel zugetraut haben?» Meine Fantasie stellt mir alle möglichen Gefahren vor.

Die Rückseite der Tasse, ...

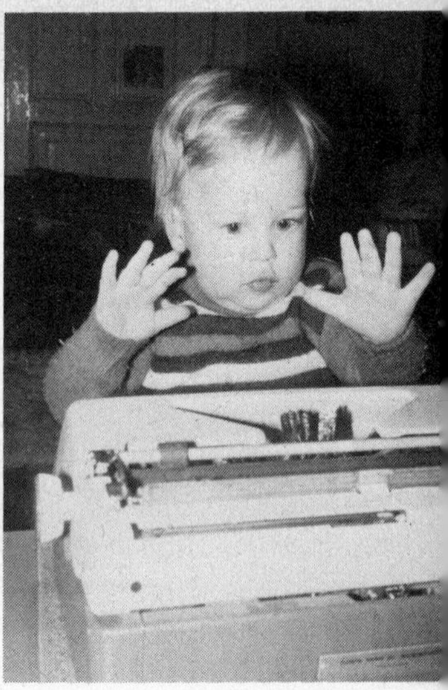

... die Reaktion der Schreibmaschine ...

«Auf was für Karussells kann er überhaupt fahren?»

Helmut brummelt: «Ach, was soll schon sein?» und liest seine Zeitung weiter.

Je später es wird, desto mehr habe ich das Gefühl, auf heißen Kohlen zu sitzen. Die Wohnung kommt mir totenstill vor, Felix fehlt. Die Zeit dehnt sich. Endlich! Achtzehn Uhr, es klingelt, sie sind wieder da.

Ich gebe mich gelassen und ruhig. Die Eltern und die Kinder sollen nicht merken, daß ich mir Sorgen gemacht habe. Felix erzählt überschwenglich, was er alles erlebt hat. Sein Gesicht ist von Süßigkeiten völlig verklebt. Jetzt, wo er mir gesund und zufrieden gegenübersitzt, bin ich froh, daß ich ihn habe gehen lassen.

Das Kind erlebt in seinem Entdeckerdrang, in seiner Neugier Freude und Lust. Wir dagegen sind abwartend, passen auf, fürchten mögliche Folgen.

Die täglichen Erfahrungen mit dem, was die Kinder sich zutrauen, haben bei mir dazu geführt, daß ich glaubte, recht gut einschätzen zu können, was ich ihnen zutrauen konnte und wann ich einmal bremsen mußte.

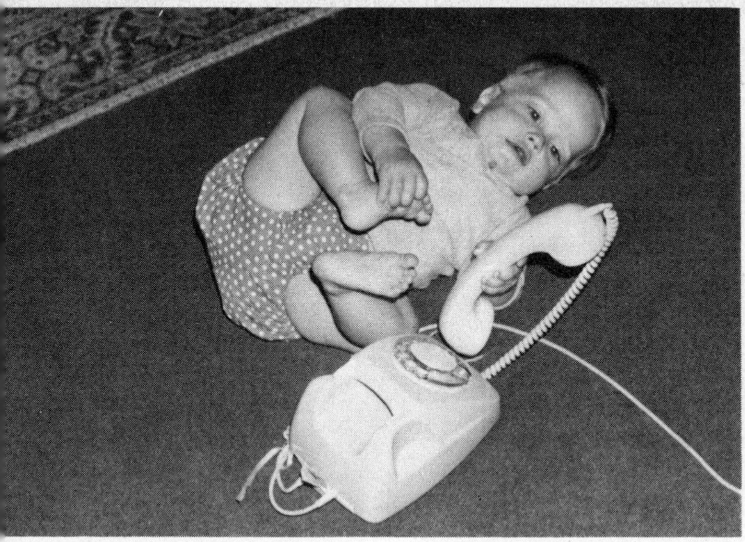

... und die Anfühlbarkeit des Telefonhörers: diese aufregende Welt

Ich habe bewußt versucht, Situationen für die Kinder auszusuchen, in denen ich ihnen einen größtmöglichen Freiraum lassen konnte und wo ich nicht ständig eingreifen mußte, also mit einem Mindestmaß an Kontrolle auskam.

Sie kehren ja immer wieder zu uns, der «Ausgangsbasis», dem sicheren Halt, zurück. Hier tanken sie gewissermaßen wieder auf, um beim nächstenmal noch einen Schritt weitergehen zu können. Dieses aktive Sich-Entfernen führt beim Kind zu dem Gefühl: «Ich kann auch Halt bei mir selbst finden.» Selbstbewußtsein entsteht auf diese Weise. Und darum müssen die Kinder selbst bestimmen können, wie weit sie sich entfernen. Denn wir können ja nicht wissen, wie groß das Bedürfnis zum Festhalten noch ist, wann die Angst vor Fremden und die Lust der Neugier sich die Waage halten, bevor sie wieder zurückkommen zur «Ausgangsbasis».

Wenn wir sie zwingen, weiter zu gehen, als sie von sich aus können oder wollen, dann verlieren sie ihren Halt, Angst breitet sich aus. Die Folge ist, sie müssen sich anklammern, ja, möglicherweise wird ihre Neugier auf diese Art abgetötet.

Wenn Kinder aber so die Erfahrung sammeln: «Ich kann vieles schon ganz allein», dann können sie auch in schwierigen Situationen Mut aufbringen, selbst eine Lösung zu suchen und nicht darauf zu warten, daß andere, Stärkere, es schon machen werden.

Was geschieht, wenn einer der Eltern die Neugier der Kinder stark einschränkt und der andere sie zuläßt, haben wir am Beispiel der Eltern von Adrian beobachten können. In den nächsten beiden Beispielen zeigen sich die Probleme, die sich aus einer starken Einschränkung des Neugierverhaltens der Kinder ergeben.

Wenn Neugier und Forschen unerwünscht sind

«Anja, nein!» Anja, zwei Jahre alt, die jüngste von sechs Geschwistern, zuckt zurück. Sie hatte eines der Likörgläschen, die um eine Kristallflasche herum drapiert stehen, ergriffen. Trotz der schneidenden Warnung ihrer Mutter wendet sie sich jetzt dem Teakholz-Kranich zu, der auf dem Fernseher steht. Versuchsweise nimmt sie ihn herunter.

In die dritte Dimension: Begreifen, Verstehen, Erfahren – diese Begriffe, so uralt sie sind, enthalten alle entwicklungspsychologische Weisheit dieser Welt: Ich werde ich, indem ich diese Welt befingere, von allen Seiten betrachte, überall hingehe.

«Laß das stehen! Du weißt genau, daß du in Mamas Zimmer nichts anfassen darfst!»

Die Szene spielt sich ab, während ich mit Frau G. über ihre berufliche Zukunft rede. Frau G. hat sechs Kinder. Trotz der damit verbundenen Belastungen erwägt sie, Geld in der Schneiderwerkstatt hinzuzuverdienen.

Um Anja während des Gesprächs zu beschäftigen, hat Frau G. die Spielkiste des Kindes ins Wohnzimmer geholt. Aber die darin enthaltenen Dinge können das Interesse Anjas nicht fesseln.

Die letzte Mahnung hat Frau G. mit einem Unterton von Wut und Verzweiflung hervorgestoßen.

Jetzt hat Anja den Lichtschalter entdeckt. Die Mutter versucht es zu ignorieren. Anja knipst das Licht an, aus, an, aus. Frau G. springt auf, schlägt Anja auf die Finger.

Anstatt zu weinen oder etwas zu sagen, blickt Anja ihrer Mutter starr ins Gesicht, streckt erneut die Hand nach dem Lichtschalter aus.

Frau G., zu mir gewandt: «Das ist furchtbar mit diesem Kind! Sie weiß genau, was sie darf und was nicht. Das macht sie jetzt bloß, weil Sie hier sind!»

Anja versucht noch einmal, Licht anzuknipsen. Frau G. starrt sie mit eisigem Schweigen an. Anja erschrickt.

Sie läuft nicht weg, weint auch nicht. Sie bleibt stehen, ballt die Hände zur Faust, steckt sie in den Mund und beißt sich heftig auf die Handknöchel.

Zunächst sind für mich als Außenstehende die Verhaltensweisen von Mutter und Tochter unverständlich. Aber ich unterhalte mich noch öfter mit Frau G. Und dabei wird mir manches klarer.

Anjas Familie lebt unter sehr beschränkten finanziellen und räumlichen Bedingungen. Der achtköpfigen Familie steht nur eine beengte Vier-Zimmer-Wohnung zur Verfügung. Unter Aufbietung aller Kräfte versuchen die Eltern, die Familie gut über die Runden zu bringen. Frau G. leidet unter der Kinderfeindlichkeit, der sie überall begegnet. Ihre große Kinderschar empfindet sie als sozialen Makel. Sozusagen zum Ausgleich versucht sie ständig, nach außen hin niemals negativ durch die Kinder aufzufallen. Dazu gehört wohl auch, daß sie jederzeit ein penibel aufgeräumtes Wohnzimmer vorzeigen kann.

Die Entdeckungsfreude Anjas bringt diese mühselig aufrechterhaltene Ordnung in Gefahr. Bei ihren Versuchen, alles kennenzulernen, auseinanderzunehmen, stößt sie auf die Schranken, die die Mutter gesetzt hat.

Anjas Neugier, der sie nun glaubte, wenigstens in meiner Gegenwart nachgehen zu können, bekommt ständig neue Dämpfer. Der daraus entstehende Zorn aber findet keinen Weg nach draußen. Anja hat gelernt, daß das böse Folgen hätte.

So wendet sie die Aggression gegen sich selbst.

So etwas ist öfter zu beobachten. Großeltern, ältere Pflegemütter und Eltern reagieren in Belastungssituationen mit Angst auf den Forschungsdrang kleiner Kinder. Und aus dieser Angst verstärken sie die Kontrolle über das Kind, engen seinen Bewegungskreis ein. In einer kinderfeindlichen Umwelt, in der überall Gefahren drohen und kindlich spontanes Verhalten darum «gefährlich» erscheint, sieht solche Angst sogar «vernünftig» aus. Im Gewand gerechtfertigter Vorsicht kommt sie daher.

Die Einschränkung der Neugier und der Bewegung aber kann zu aufgestauten Gefühlen führen, für deren Abreaktion die Aggression gegen sich selbst eine Möglichkeit ist, ohne daß dabei die Eltern verletzt werden. Nägelkauen, Haareraufen, das Zerkrat-

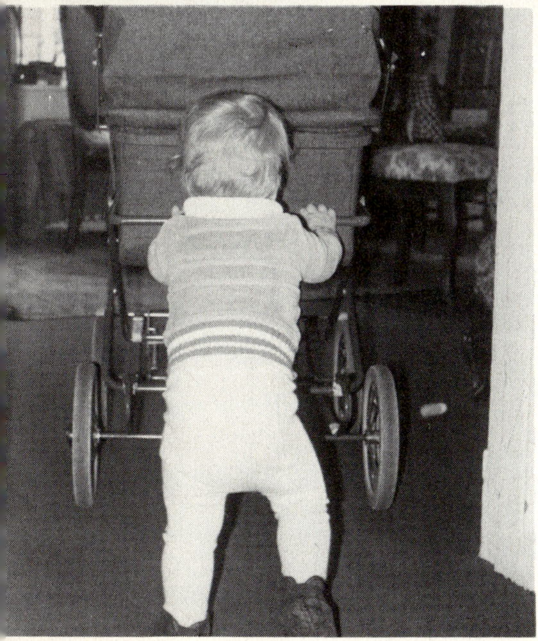

Großmütter, Väter, Mütter – wir alle reagieren sehr häufig mit Angst auf den Forschungsdrang kleiner Kinder …

zen der eigenen Haut und der Lippen sind häufig zu beobachtende Formen.

Im nächsten Beispiel geht es auch um aufgestauten Bewegungsdrang, um unbefriedigte Neugier. Aber sie führt nicht zur Aggression gegen sich selbst, sondern zu Aggressionen gegen Schwächere.

Renate ist mit ihrem Sohn zu mir (Inga) zum Teetrinken in den Garten gekommen. Es geht ihr nicht gut: Ihr Mann ist vorübergehend im Ausland, und sie hat Jan, eineinhalb Jahre alt, seit einigen Wochen zu einer Tagesmutter in Pflege gegeben, solange sie vormittags in der Schule unterrichtet.

«O Gott», eröffnet sie mit einem mißtrauisch-besorgten Blick auf Jan das Gespräch. «Hoffentlich packt ihn heute nicht wieder seine Entdeckerwut! Ich kann das im Moment so schwer verkraften. Seit das Kind morgens bei Frau F. ist, ist er nachmittags nicht mehr zu bändigen. Er spielt bei jeder Gelegenheit verrückt.»

Sie wendet sich an den Jungen: «Komm, Jan, hier ist etwas zu trinken für dich!» Jan kommt angerast, nimmt einen Schluck, will auf den Schoß. Renate bietet ihm ein Stück Kuchen an, er zerkrü-

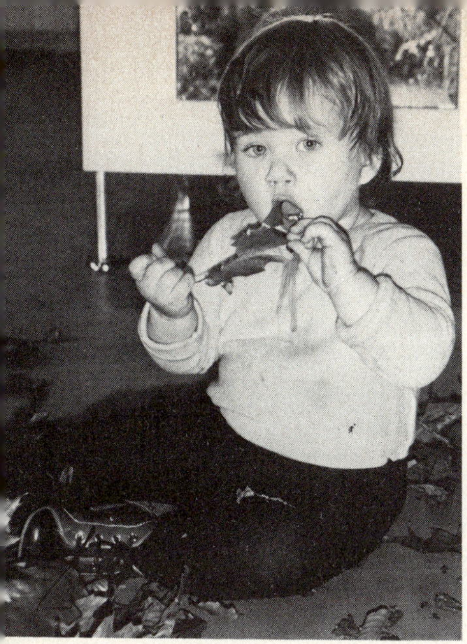

Bakterien! Viren! Fäulnis! Die Gesundheit! Das sind die Soldaten, die von unserer Angst vorgeschickt werden, von einer Angst, die wir oft genug gar nicht wahrnehmen oder zugeben können. Woher kommt sie – diese Angst? Was ist vernünftig an ihren Argumenten?

melt es, rutscht vom Schoß, rennt zum Zaun, Renate hinterher. Sie befürchtet, er könne hinüberklettern und auf die Fahrbahn gelangen.

Renate trägt ihn zum Tisch zurück, bietet ihm einen Plastik-Hubschrauber an, den er nach kurzem Befingern wegwirft. Statt dessen fordert er Apfelsaft. «Oh, Jan!» stöhnt Renate. «So geht das wirklich ständig. Ich weiß nicht, was diese Verrücktheiten bedeuten. Er scheint es einfach nicht zu verkraften, daß Christian in Amerika ist. Ob er schon eine Macke hat? Vormittags bei Frau F. ist er brav und still wie ein Lamm. Aber die greift auch unheimlich durch. Er darf da nichts anfassen oder runterreißen. Aber sobald er mittags zu Hause ist, pfeffert er sein Spielzeug durch die Gegend. Ich verliere dann auch mal die Nerven. Im Moment geht das alles über meine Kraft. Oh, guck bloß, was er jetzt wieder macht. Jan!!!»

Jan hat meinen jüngsten, geistig behinderten Sohn Daniel entdeckt, der ruhig auf einer Decke sitzt und ein Spielzeug betrachtet. Von Jan nimmt er keine Notiz. Versuchsweise patscht dieser ihm kräftig auf den Kopf.

Daniel duckt sich. Jan wiederholt den Patscher etwas kräftiger. Daniel kraust die Stirn, duckt sich weiter.

Renate reißt Jan weg. «Nein, das darfst du nicht, mach Daniel ei!» Sie nimmt Jans Hand, und dieser, plötzlich ganz ruhig, streichelt über Daniels Kopf.

Kaum hat Renate sich hingesetzt und will aufatmend ihre Teetasse zum Mund heben, versetzt Jan Daniel wieder einen Schlag, diesmal ziemlich stark.

Ich stehe auf, nehme Daniel auf den Arm. Mit beiden Kindern gehe ich zum Planschbecken, wo Jan sich eine Weile vom Wasser faszinieren läßt. Natürlich will er hineinsteigen. «Du siehst, es hat wirklich keinen Zweck», sagt Renate mutlos. «Er kriegt wieder Schnupfen. Es ist besser, wir fahren jetzt nach Hause. Im Moment ist alles so verfahren, ich muß einfach mit ihm zusammen warten, bis dieser Zustand beendet ist.»

Jans aggressives Verhalten hat ganz andere Ursachen als das Verhalten von Anja. Er ist innerlich total verunsichert. Sein Vater, der ihn bisher vormittags versorgt hat, ist verschwunden, statt dessen betreut ihn eine völlig fremde Person, die er nicht aus innerer Sicherheit heraus annehmen kann und deren «Erziehungsmaßnahmen» auch noch in krassem Gegensatz zu dem bisher Gewohnten stehen.

Seine Mutter versucht, durch ihr nachgiebiges Verhalten und Selbstaufgabe und durch Ablenkung etwas wiedergutzumachen, wofür sie sich schuldig fühlt.

Ist es ein Wunder, daß er die ungewohnte Einengung durch die Pflegemutter an Daniel als willkommenem Opfer abreagiert?

Im Unterschied zu Anja kann er seine Angst- und Wutgefühle nach außen verarbeiten.

Im Alter zwischen sechs Monaten bis ca. zwei Jahre reagieren Kinder besonders empfindlich auf die Trennung von konstanten Bezugspersonen und vertrauter Umgebung, was sie leicht störanfällig macht für zusätzliche Belastungen. Jede Veränderung, die die Erwartungen des Kindes durchkreuzt, kann dann zu Frustration werden. Dabei entstehender Zorn wird sozusagen «aufbewahrt». In Situationen, die für Außenstehende harmonisch aussehen, kann dann wegen nichtiger Anlässe der gesamte Zorn herausbrechen: Oft sind das unverständliche Wutausbrüche wegen Nichtigkeiten – gegen Erwachsene, gegen Sachen, aber eben auch ge-

Auf dem Arm des Vaters oder der Mutter ist es doch möglich, sich ganz schön nah an diese merkwürdigen, fremden, angsterregenden Wesen heranzuwagen.

gen Schwächere: kleinere Kinder, hilflose Tiere oder wie in unserem Beispiel den behinderten Daniel. Wenn Kinder sich solche Ventile suchen, ist das in seinen sozialen Auswirkungen für die Eltern belastend. Vielleicht ist es in solchen Situationen ein Trost für sie zu wissen, daß ihr Kind sich durch solch «motorisches Abreagieren» entlastet von inneren Spannungen.

Gelingt es den Erwachsenen, ein Ersatzventil zu finden (z. B. Spielen mit Wasser, Matsch, Farbe; Lärmmachen mit Blechdosen etc., Puppen als Ersatzobjekt benutzen, mit einem Teppichklopfer auf Matratzen schlagen), kann das Kind sich *ent*lasten, ohne die Eltern zu *be*lasten.

In der Krippe stehen draußen auf dem Flur die Kinderwagen. Tommi, elf Monate alt, robbt heran, besieht einen davon näher, faßt zuerst mit den Fingerspitzen, dann mit der ganzen Hand. Nun möchte er offenbar sehen, was er mit dem Ding machen kann. Kann man es umkippen, auseinandernehmen, zerpflücken? Ob es Töne macht? Er kratzt an dem Bezug herum, immer wieder, und bohrt in alle Vertiefungen hinein.

Aha – jetzt wird es spannend: Das Ding läßt sich schieben, ein kleines Stück zwar nur, aber immerhin, er kann ihn von seinem Platz wegstoßen.

Nun legt er sich auf den Bauch und schiebt – aber das ist sehr mühselig, macht keinen Spaß. Vor kurzem hat er gelernt, sich hinzuknien; das probiert er jetzt aus, um einen besseren Schiebe-Ausgangspunkt zu bekommen.

Tatsächlich! Das Riesending bewegt sich vorwärts; er verliert die Balance, läßt die Vorderachse los und landet auf den Händen. Erstaunt krabbelt er hinter dem Wagen her.

Er versucht es noch einmal und noch einmal – immer mit dem gleichen Ergebnis: Der Wagen bewegt sich von ihm weg, er muß loslassen, fällt. Er muß sich etwas Neues ausdenken.

Tommi steht auf, sucht einen Haltepunkt für die Hände, findet aber keinen, kommt wieder auf die Vorderachse zurück und zieht sich daran zum Stand hoch. Sie sitzt so tief, daß er gebückt stehen muß. Nun schiebt er vorsichtig noch einmal. Es geht! Ein bißchen wackelig zwar ist er auf den Beinen, aber immerhin, das schwere Ding bewegt sich ein wenig.

Nun mal stärker schieben! Jetzt rollt der Wagen richtig, und nun muß Tommi Beine und Füße mitbewegen, um nicht umgerissen zu werden.

Nun schiebt er, läuft, hält in gebückter Haltung krampfhaft fest, stellt seine Bewegungen auf das Tempo des Riesendings ein und schafft es, den Wagen den ganzen langen Krippenflur entlangzuschieben. Hinten stößt er mit einem lauten Bums an die Wand. Tommi ist rot im Gesicht, Freude und Stolz sind ihm am ganzen Körper anzusehen.

In der – im Vergleich zur häuslichen Wohnung – nicht selten etwas sterilen Atmosphäre des Krippenzimmers ist es besonders schwierig, dem Forscherdrang der Kinder genügend Anreize und Möglichkeiten zu eröffnen.

Wir fänden es angemessen und wünschenswert, Krippenräume wirklichkeitsnah (z. B. im Sinne einer «normalen» Wohnung) einzurichten und Kinder an alltäglichen Tätigkeiten teilhaben zu lassen. Statt dessen wird ein Übermaß an immer gleichem Kleinstkind-Spielzeug angeboten. Daneben vereinzelt Förderangebote in Form von Programmen, was aber den Mangel an Erfahrungsmöglichkeiten nicht wettmachen kann.

Viele Erzieher sind sich des Ungenügens der gegenwärtigen Situation bewußt. Und es sind in letzter Zeit zahlreiche Fälle bekanntgeworden, in denen Krippenerzieher – oft gegen den erbitterten Widerstand von Kollegen oder Ämtern – die Initiative ergriffen und Krippenzimmer umgestaltet haben.

So wurde uns unter anderem berichtet von Kuschelecken, die mit vielen Kissen und Einzelmatratzen das Höhlenbauen und Sich-Zurückziehen erlauben, von normalen Möbeln, von Borden mit Pflanzen, die auch schon von Kleinstkindern mitgepflegt werden, von Haushaltsgegenständen, Koch- und Reinigungsgeräten im Krippenzimmer zur Verfügung der Kinder. Einige Krippen halten in einem Teil des Raumes ständig Werkmaterialien bereit: Wasser und Kleister, ungiftige Farben, Spielteig und Ton.

Besonders beliebt sind offenbar inzwischen gemeinsam zubereitete Mahlzeiten, weil die Kinder mit den Augen und den Händen teilnehmen können am Schneiden, Verrühren, Schütten, an der ganzen Kocharbeit eben.

Damit die Kinder nicht nur das Krippenzimmer, sondern auch ihre weitere Umgebung kennenlernen, wurde ein Bollerwagen angeschafft, in dem die Erzieher mit einigen Kindern zum Einkaufen oder auch mit Hilfe der U-Bahn zum Hafen fahren.

Wichtiger als die Bereitschaft und Fähigkeit zur Zusammenarbeit ist für solche kinderfreundliche Organisation der Krippe ein hohes Maß an Organisationsfähigkeit und Fantasie bei den Erziehern.

Solche Ansätze zur Veränderung sind nach wie vor letztlich dünn gesät – wahrscheinlich nicht nur deshalb, weil in den einzelnen Krippen zu wenig Mitarbeiter zur Verfügung stehen, sondern auch vor allem darum, weil der Zwang der Aufsichtspflicht und die (teils berechtigte) Angst vor möglichen Gefahren stärker sind als die Einsicht, daß es nicht nur den Kindern mehr entspricht, wenn ihnen mehr Frei- und Erfahrungsraum gelassen wird, sondern daß dies letztlich auch den Erziehern und ihrer Berufszufriedenheit zugute kommt.

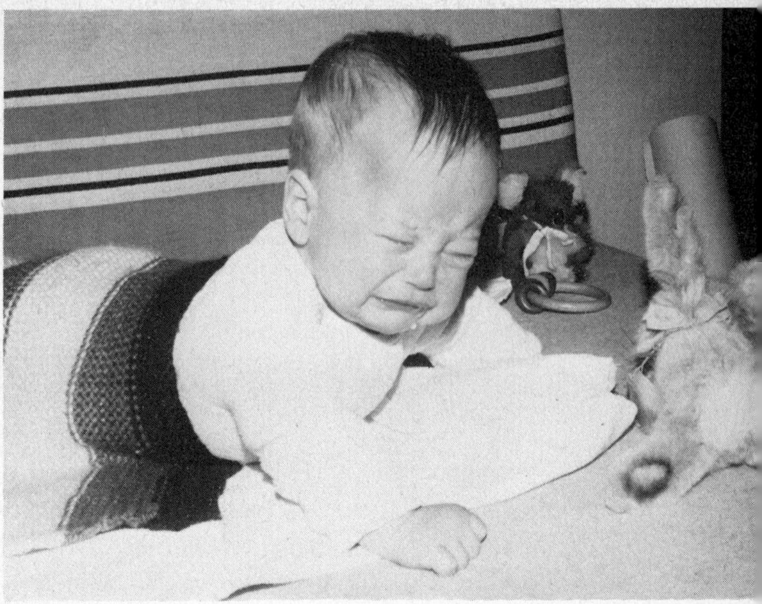

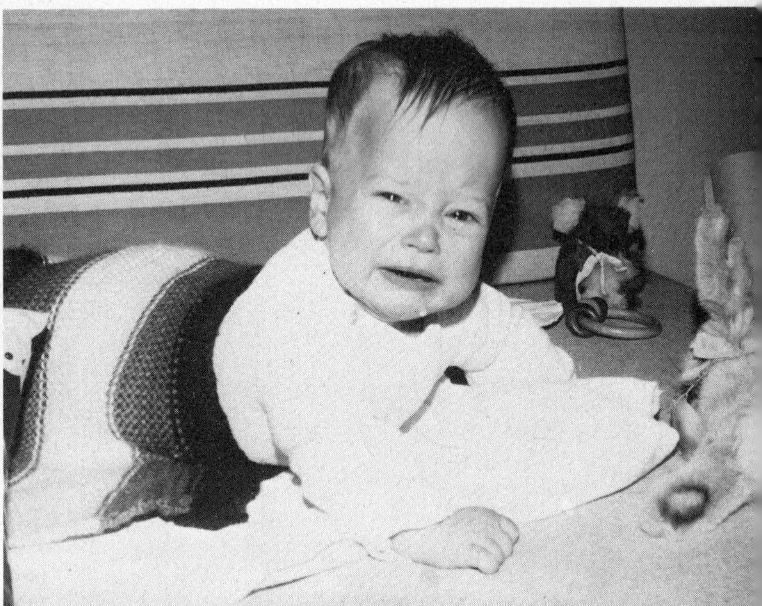

Kapitel 4

«Und plötzlich fängt er an zu schreien!»

Frau S. wartet mit Gaston, acht Monate, im Wohnzimmer auf ihre beste Freundin, die ihn noch nie gesehen hat. Es klingelt, sie setzt Gaston auf die Decke auf dem Fußboden, öffnet die Tür. Regina kommt herein und kann kaum abwarten, den kleinen Gaston zu begrüßen. Sie geht erwartungsvoll ins Wohnzimmer, hebt ihn hoch und nimmt ihn liebevoll auf den Arm. Gaston verzieht sofort die Mundwinkel nach unten, die Unterlippe schiebt sich vor, und er fängt wie eine Sirene an zu weinen. Regina erschrickt und gibt Gaston seiner Mutter auf den Arm.

So sehr die Neugier den kleinen Menschen antreibt, sich Fremden zu nähern – so ängstigend und nicht auf Anhieb zu verarbeiten kann Fremdes sein, wenn es entweder plötzlich auftaucht – wie Regina vor Gaston – oder wenn das Kind in eine völlig fremde Umgebung gebracht wird.

Wenn das Kind selbst seiner Neugier folgt, sorgt es automatisch dafür, daß die Balance zwischen dem Reizvollen, Fremden und der Sicherheit, die von der Bekanntheit des bereits eroberten Gebietes und der Nähe der Bezugsperson ausgeht, intakt bleibt. Wird das Fremde «zu fremd» (wie z. B. bei Felix, als er sich im Park sehr weit vorgewagt hatte), dann wird schnell zum Rückzug geblasen. Bei der Mutter kann das Kind sich erholen, neue Kräfte sammeln – für neue Abenteuer.

Wenn Fremde auf Besuch kommen, wenn die Familie anderwärts Besuch macht, verreist, dann ist solches Erfahrung-Machen mit Balance nicht möglich. Wie ein kalter Wasserguß bricht dann oft das Fremde über ein Kind herein – und die damit verbundenen Gefühle und Ängste können nicht anders als durch Schreien und/ oder Rückzug zur Mutter bewältigt werden.

In der Geschichte von Jan kommt noch etwas hinzu. Jan ist nämlich gerade acht Monate alt – seit einiger Zeit hat er gelernt, zwischen Bekanntem und Unbekanntem zu unterscheiden (bei manchen Kindern geschieht das früher oder auch einiges später). In diesem Alter ist es für Kinder besonders problematisch, Fremde zu begrüßen. Man spricht in diesem Zusammenhang auch von «Fremdeln» oder von der «Acht-Monats-Angst».* Nicht alle Kinder müssen diese Angst erleben. Ob und wie stark Kinder in der zweiten Hälfte des ersten Lebensjahres «fremdeln», also ängstlich reagieren, wenn fremde Gesichter auftauchen, hängt sehr stark von ihren vorherigen Erfahrungen ab. Und natürlich: Das Aufkommen von Fremden-Angst ist weniger wahrscheinlich, wenn das Kleinkind sich in unmittelbarer Körpernähe der Mutter oder des Vaters und nicht einige Meter entfernt von ihr befindet. Daß Gastons Schreien (eine durchaus angemessene Reaktion also) so stark war, das hing nicht zuletzt auch damit zusammen, daß die völlig fremde Person ihm plötzlich so sehr nahe gekommen war.

Die starken schwachen Kinder

Martin ist bei Katja zum Geburtstag eingeladen. Martins Mutter muß zum Zahnarzt und ist schon spät dran. So gibt sie ihren Sohn rasch und umstandslos an der Wohnungstür ab.

Katjas Mutter hat für die Feier des dritten Geburtstags ihrer Tochter die Wohnung festlich geschmückt. Martin guckt sich alles an, greift aus einem Körbchen einige Kekse und krabbelt unter den Tisch, auf dem für das gemeinsame Essen gedeckt ist. Dort bleibt er und ißt seine Kekse, später auch seinen Kuchen und läßt sich dort auch mit Brause versorgen. Spricht jemand ihn an, senkt

* Die «Acht-Monats-Angst», das Fremdeln, muß keineswegs im achten Monat auftreten. Erhebliche Zeitabweichungen sind normal. Ebenso sehr schwach ausgeprägtes «Fremdel»-Verhalten.

er den Kopf und antwortet nicht.

Wir wundern uns und fragen seine Kusine: «Was macht ihr denn, wenn er sich so benimmt?»

Wie selbstverständlich antwortet sie: «Der ist oft so, lassen Sie ihn man.»

Die Kinder fühlen sich nicht gestört. So verläuft der Geburtstag – trotz unserer Irritation – wie geplant. Martin sitzt während der ganzen Zeit unter dem Tisch und beobachtet. Mit der Zeit gewöhnen wir uns daran. In der letzten Viertelstunde kommt er hervor und fängt an mitzumachen.

Kinder erleben fremde Situationen als unterschiedlich ängstigend. Und sie verarbeiten ihre Ängste auf unterschiedliche Weise. Andere Kinder brauchen vielleicht nicht so lang wie Martin, ein andermal geht es auch bei Martin schneller. Auch die körperliche Verfassung spielt eine Rolle. Andere Kinder haben wieder eine andere Art, wie sie mit dem Fremden fertig werden: Sie sind naßforsch oder gar aggressiv, gucken nur still, nuckeln am Daumen, stopfen sich mit Essen voll, haben Bauchweh, brauchen ein bestimmtes Spielzeug ...

Solche «Schwellenängste» aber müssen alle Kinder in jeder neuen Situation und bei neuen Tätigkeiten überwinden. In der Schule, im Schwimmbad, auf dem Spielplatz, beim Roller- und Radfahren, beim Balancieren, Karussellfahren, in der neuen Eisdiele ...

Und die Zeit, die ein Kind braucht, um diese Ängste zu überwinden, ist – wie gesagt – so verschieden. Oft verstehen wir nicht. Und die Geduld der Eltern und Betreuer wird manchmal auf eine harte Probe gestellt. Oft halten wir nicht lange genug aus oder haben nicht genug Zeit, das Kind die Hemmschwelle überwinden zu lassen. Wir sind ärgerlich, ungeduldig. Unser Ärger, unsere Ungeduld geben dem Kind das Gefühl, es versage. Möglicherweise kommt unser Ärger daher, daß *wir* es uns nicht erlauben können, unsere Schwellenangst dadurch zu bearbeiten, daß wir unter den Tisch oder in eine stille Ecke kriechen – obschon so mancher von uns ähnliche Verhaltensweisen hat; wenn sie z. B. in ein neues Restaurant gehen, setzen sich viele Leute anfänglich gern in eine Ecke und mit dem Rücken zur Wand. So fühlen sie sich sicherer. Es ist für uns und unsere Kinder lohnend, wenn wir uns mit Ärger und Ungeduld angesichts von merkwürdigem Verhalten bei Schwellenangst näher auseinandersetzen, uns fragen, wieso so manche «unschuldige» Verhaltensweise des Kindes uns so auf die Nerven zu gehen vermag.

Denn Martins Verhalten ist ein Zeichen von ganz souveränem Umgang mit seinen Ängsten und anderen Gefühlen in befremdlichen Situationen.

Ähnlich souverän im Umgang mit seinen Ängsten ist auch Felix. Er weiß schon, daß fremde Situationen ihn ängstigen. Er weiß mit

«Wie ein kalter Wasserguß bricht das Fremde über das Kind herein»

seinen vier Jahren auch, daß er mit diesen Ängsten ganz gut fertig werden kann, wenn seine Eltern in der Nähe sind.

Hier Gunhilds Bericht:

Felix, vier Jahre, ist zum Geburtstag seines Freundes eingeladen.

«Ihr sollt aber ein bißchen dableiben!» sagt er schon zu Hause. Das wird versprochen.

Ich bringe Felix hin. Tiemo, zwei Jahre, ist auch dabei.

Wir klingeln an der Tür. Mit großem Getöse kommen uns Kinder, Omas, Tanten, Opas und andere Erwachsene entgegen, die Felix noch nie gesehen hat. Ein richtiger Schock. Felix will kaum zur Tür hinein, seine Hand klammert sich krampfhaft um meine. Langsam schieben wir uns durch das Gedränge vor bis ins Wohnzimmer, wo wir die Geschenke angucken.

Das Kaffeetrinken soll losgehen. Die Kinder werden aufgefordert, ihre Plätze in der Küche einzunehmen. Felix weigert sich, die Küche überhaupt zu betreten. Fest umklammert er meine Hand und mein Bein. Tiemo zerrt an der anderen Hand. Er will zurück ins Wohnzimmer zu den Spielsachen. Irgend jemand nimmt mir Tiemo ab. Endlich kann ich Felix auf den Arm heben und ihn auf seinen Stuhl in der bereits versammelten Kinderrunde setzen. Ich ahne, was in ihm vorgeht. Ich hocke mich zu seinen Füßen, lege meine Hand auf seinen Rücken. Zögernd beginnt Felix, sich mit Kuchen zu versorgen, nach und nach nimmt er auch an den Gesprächen und am Quatschmachen der Kinder teil. Nach dem Kaffee darf ich gehen. Nun traut er sich, allein dazubleiben.

Jemand meint spitz: «Das müßte er aber schon allein können!»

Ich bleibe äußerlich ungerührt. Aber die Bemerkung hat mich getroffen.

Wie kommt es, frage ich mich, daß Felix mich als einziger so lange braucht? Ich sage mir: «Er ist eben so. Für ihn ist meine körperliche Nähe noch länger wichtig beim Eingewöhnen.» Ich erkläre mir die Situation. Es sind ja so viele Angstmacher zusammengekommen. Die vielen wildfremden Menschen, die laut und

«Jemand meint spitz:
‹Das müßte er aber schon allein können!›»

schnell auf ihn zukamen, das fremde Haus, die Forderung an ihn (wenn auch nicht ausgesprochen): «Laß deine Mutter jetzt weg, die anderen haben es ja auch gemacht, iß, paß dich dem Programm hier an.» Gewiß hat er auch gespürt, daß ich nicht ganz zufrieden mit ihm war, ungeduldig, ein bißchen ärgerlich.

Ich bemerke, welche Hartherzigkeit in dem Satz steckt: «Das müßte er aber schon allein können!» Da ich nicht von ihm verlangt habe, es allein zu können, hat er es relativ schnell geschafft. Hätte ich mich daran orientiert, was Kinder in seinem Alter «schon können müssen», hätte ich ihm nicht nur nicht geholfen, sondern ich hätte ihm neue Probleme aufgeladen.

Wenn Menschen versuchen, die emotionalen Bedürfnisse von kleinen Kindern ernst zu nehmen, laufen sie Gefahr, als Versager oder Verwöhner abgestempelt und diffamiert zu werden. Das auf sich zu nehmen, ist nicht immer leicht. Aus Unsicherheit und Angst davor, derart schief angesehen zu werden, schlagen sich viele Eltern oft schnell auf die Seite der kritisierenden Erwachsenen mit den strengen Forderungen. Und das führt so oft dazu, daß wir nicht mehr erkennen können, was die Kinder tatsächlich geschafft haben: Daß Felix eigentlich schnell seine Ängste überwunden hat und allein bleiben konnte, das kann aus solchem Blickwinkel zu einem «Versagen» werden, weil er mich noch gebraucht hatte.

Daß Kinder durchaus schon im Alter von drei Jahren in der Lage sind, auch im Hinblick auf «Fremdes» schwierige Entscheidungen zu fällen, zeigt die folgende Geschichte.

Eva wird jeden Morgen von einem Bus zum Kindergarten abgeholt, in dem stets schon einige der anderen Kinder sitzen. Manchmal hat sie keine Lust mitzufahren. Auch heute wieder. Sie trödelt

«Wenn Menschen versuchen, die emotionalen Bedürfnisse von kleinen Kindern ernst zu nehmen, laufen sie Gefahr, als Versager oder Verwöhner abgestempelt zu werden.»

und nörgelt schon beim Frühstück herum: «Nee, heute keine Lust, will bei dir bleiben!» sagt sie zur Mutter. «Hier spielen, hier ist es viel schöner. Ich bin noch soo müde.»

Die Mutter kennt das schon. Sie geht nicht besonders darauf ein. Sie wartet erst einmal ab. Als Viertel vor neun der Fahrdienst draußen klingelt, wiederholt Eva: «Ich will nicht gehen.»

Die Mutter will Eva keineswegs zwingen, aber Eva soll ihre Entscheidung nicht nur selbständig treffen, sondern auch vertreten. So sagt die Mutter ruhig und freundlich: «Dann geh man raus und sage den Kindern, daß du heute nicht kommen magst.»

Das aber will Eva nicht: «Dann fahr ich doch lieber mit.»

Wenn sie mittags nach Hause kommt, ist sie – das hat die Mutter stets feststellen können – zufrieden und erzählt fröhlich, was sie alles Neues gemacht hat.

Eva ist ein Einzelkind und geht nicht in den Kindergarten, weil die Mutter arbeiten müßte, sondern, um mit anderen Kindern zu spielen und Erfahrungen zu sammeln.

Daß Eva manchmal nicht so gerne in den Kindergarten mag, das kann schon damit zusammenhängen, daß ihr der Umgang mit den anderen Kindern ein bißchen anstrengend ist.

«Die spielt am liebsten zu Hause», sagt die Mutter über Eva. Und natürlich, wenn Eva es den anderen Kindern gesagt hätte, hätte sie selbstverständlich auch zu Hause bleiben können.

Viele Eltern und viele Kinder haben nicht so günstige äußere Voraussetzungen, um wie Eva früh freies und eigenes Entscheiden im Hinblick auf den Umgang mit «Fremdem» einüben zu können.

Wenn sich bei Eva autonomes Verhalten entwickeln, Eva selbst Sicherheit lernen kann, so ist in der folgenden Fallgeschichte von Gegenteiligem zu berichten.

Wenn Kinder mit ihrem Schmerz nicht fertig werden, müssen sie ihn irgendwann beiseite schieben. Genauso wie Erwachsene. Aber die Spannung bleibt.

Wenn die Last zu groß wird

Frau R., 32 Jahre, hatte sich von ihrem Mann getrennt und mußte für sich und ihren zweijährigen Sohn den Lebensunterhalt verdienen. So mußte Michael in einen Kindergarten.

Der erste morgendliche Abschied geriet zu einer Katastrophe. Michael schrie ganz furchtbar, so daß die Trennung der Mutter sehr schwer fiel.

Frau R.: «Es dauerte nur ein paar Tage, und Michael war total verwandelt. Die glänzenden Augen waren weg, das Spontane war weg, er erzählte nichts, überhaupt nichts, war ganz in sich gekehrt – und ich habe doch versucht, ihm zu helfen, indem ich ihn nach dem fragte, was die Kinder dort den ganzen Tag gemacht hatten.

Ich glaube, daß irgend etwas kaputt war, und ich wußte nicht mehr, wie ich ihn ansprechen sollte. Er konnte mir ja nicht sagen: ‹Ich fühle mich nicht wohl.› Ich habe seine Ablehnung nur daran gemerkt, daß er die Leute aus dem Kindergarten und auch die anderen Kinder aus seiner Gruppe konsequent übersah, wenn wir sie unterwegs beim Einkaufen trafen.

Am schlimmsten war der Weg morgens zum Kindergarten. Wenn ich an eine bestimmte Ecke kam, fing er wieder mit diesem nervtötenden Schreien an und wollte aus dem Auto heraus. Und das dauerte immer so lange, bis er im Kindergarten merkte, daß ich jetzt wirklich gleich gehen würde. Da machte er die Klappe zu, da war ich plötzlich Luft für ihn, obwohl, ich habe mir jeden Tag ein bißchen Zeit genommen und noch ein bißchen mit ihm gespielt. Aber da wirkte er dann immer so gelangweilt, gab mir immer keine Antwort. Das war das, was mich an der ganzen Berufstätigkeit am meisten belastet hat: daß ich ihn nicht mehr verstanden habe, daß er sich zugemacht hat und daß ich genau wußte, es wird immer schlimmer, wenn ich mit ihm über den Kindergarten zu reden versuche. Ja, wirklich, dieses Gefühl hat mich fast erdrückt.»

Michael kann offenbar seine Ängste nicht bewältigen. Daß er in der folgenden Zeit nicht mehr schrie, sondern passiv und still wurde, das könnte mancher so deuten (und das wird auch häufig so gedeutet), als ob seine Ängste geringer geworden wären. Aber dies ist nur auf sehr deprimierende Art und Weise wahr: Da er, wie kein Mensch, eine so starke Belastung lange im Bewußtsein halten konnte, da seine Hoffnung auf Änderung und Besserung der Situation verschwand, wurden diese Gefühle – wie die Psychologen sagen – «verdrängt», abgeschoben.

Was Michael gelernt hatte, war Hilflosigkeit.

Daß Michael auf die befremdliche Situation im Kindergarten und die morgendliche Trennung von der Mutter so extrem schmerzhaft reagierte, ist nicht «normal». Michaels Fähigkeit, mit Fremdem umzugehen, ist zunächst einmal durch die Tatsache entscheidend eingeschränkt, daß er grad eben den Verlust seines Vaters erlebte, den er gewiß noch nicht verarbeitet hat. Ein Stück Sicherheit ist damit dahingegangen.

Zum anderen ist offenbar, daß Frau R. sehr unter Schuldgefühlen gegenüber Michael leidet, weil sie ihn im Kindergarten abliefern muß. Diese Schuldgefühle werden durch eine erbarmungswürdig unsensible und brutale Umwelt geschürt und aufrechterhalten.

Als Frau R. zum Beispiel ihren Sohn Michael im Kindergarten anmeldete, bekam sie von der Leiterin zu hören: «Wir haben hier nur Kinder aus gesunden Familien!» Das hat Frau R. wie ein Peitschenhieb getroffen. Und sie hat auch gemerkt, daß ihr Sohn das mitbekommen hat: «Irgendwie muß Michael das gespürt haben, daß da bei mir die Klappe runterging. Er guckte mich so komisch an, als wir weggingen.»

Dieses Gefühl, verantwortlich zu sein, belastet Frau R. sehr. «Auf dem ganzen Weg zur Arbeit habe ich nur den einen Gedanken gehabt: Wie geht es ihm jetzt? Was macht er jetzt? Wie verkraftet er das? Ich war so machtlos – ich *mußte* ja arbeiten! Es war wie ein Gummiband, das sich immer stärker zog, je weiter ich vom Kindergarten weg war. Auf der Arbeitsstelle riß es dann plötzlich. Da mußte ich mich voll auf meine Tätigkeit konzentrieren. Und ich habe Michael dann völlig vergessen.»

Es spricht sehr vieles dafür, daß Michael durch diese Gefühle zusätzlich belastet wurde. Und vor allem: Sie machten es Frau R. unmöglich, dann, wenn sie Zeit für Michael hatte, mit ihm unbefangen zu spielen und sich naiv auf ihn einzulassen.

Angeknackste Sicherheitsbasis (der Vater weg), eine Mutter, die in zwiespältigen Gefühlen befangen ist, und dann noch ein fremder Kindergarten – das war einfach nicht mehr zu bewältigen.

Je mehr, so zeigt die Erfahrung, in einer solchen Situation die Erwachsenen sich mit Schuldgefühlen plagen und angesichts der Tränen und der Trauer des Kindes in immer neue Selbstanklagen und Verzweiflung verfallen, um so unlösbarer wird der Knoten. Erst von dem Punkt an, an dem es möglich wird, das Leid auf sich zu nehmen, und der krampfhafte Versuch aufgegeben wird, es möglichst mit einem Schlag aus der Welt zu schaffen, kann sich die Situation entspannen und langsam Genesung und Heilung für alle Beteiligten einsetzen.

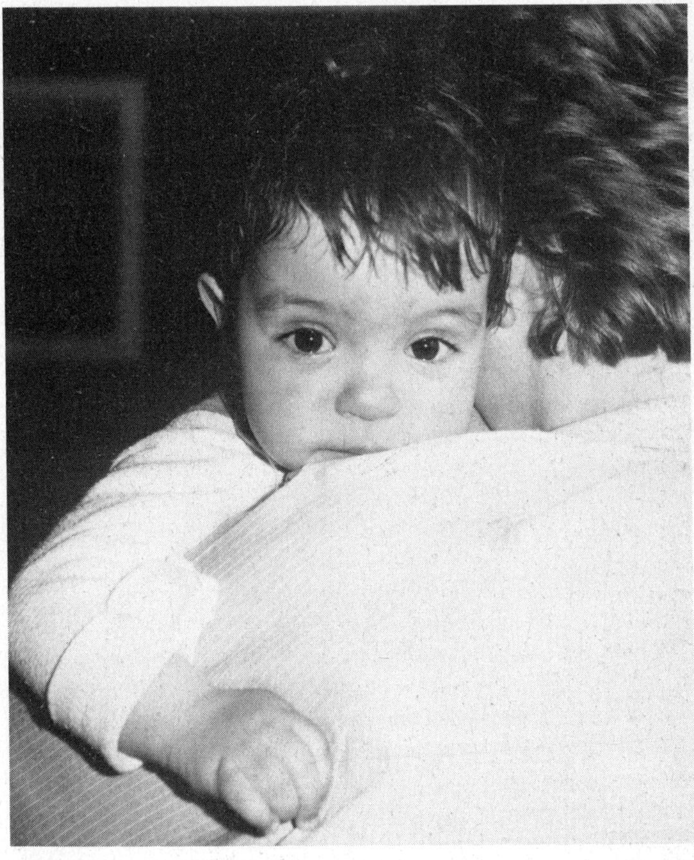

In der Wärme und beim beruhigenden Herzschlag des Vaters zerfällt der Kummer.

Kapitel 5

«Dann hau ich dich aber – und dann bist du tot!»

Ärger, Wut, Zorn – Aggressionen der Kinder kommen nicht nur aus Enttäuschung, unterbrochenem Forscherdrang oder dem überwältigenden Erlebnis von allzu Fremdem. Schon sehr früh gibt es ein Thema im Leben des Kindes, das die meisten Menschen bis ins hohe Alter fast unentwegt beschäftigt: das Selbstwerden. Immer wieder sucht und findet das Kind Gelegenheit, das, was es geworden ist, zu zeigen, um es sich auch zu bestätigen – in Abgrenzung zu den anderen, zu Geschwistern, zu den Eltern, zu anderen Erwachsenen. Dabei geht es immer um die Durchsetzung von bestimmten Interessen des Kindes: etwas tun oder nicht tun, etwas haben wollen ...

Tiemo, drei Jahre, und Felix, fünf Jahre, streiten sich lautstark um einen Trecker. Tiemo will ihn haben, aber er gehört Felix, der ihn im Moment nicht freiwillig hergeben will.

Tiemo wutentbrannt: «Du Arschloch, dann hau ich dich aber!» Und schon tut er es, haut Felix mit der Hand auf den Kopf. Der läßt sich das nicht gefallen und schubst Tiemo auf den Boden. Keiner hat sich bisher ernsthaft weh getan. Noch nicht. Es geht hin und her. Keine Einigung in Sicht! Lautes Geschrei!

Ich halte das nicht länger aus. Ich nehme ihnen den Trecker aus der Hand und lege ihn auf den hohen Küchenschrank: «Mir tut euer Gebrüll richtig weh im Kopf! Wenn ihr euch nicht einigen könnt, kann erst mal keiner damit spielen!»

Besitzen, Habenwollen, Verweigern, Wegnehmen, Tränen ...: «Ich war froh, daß die Kinder sich gegen meinen autoritären Eingriff gewehrt haben.»

Tiemo schreit um so heftiger los, kriegt tobsuchtsähnliche Ausbrüche und reagiert sich ab, indem er im Spielzimmer lauter Spielsachen aus dem Bord reißt und auf die Erde schmeißt. Es geht zwar nichts kaputt, aber es entsteht eine totale Unordnung!

Felix ist ruhig und geht ins Wohnzimmer spielen. Ich verziehe mich in die Küche, mache Abendbrot. Nach zwei Minuten kommt Tiemo einigermaßen beruhigt aus dem Spielzimmer und sucht Felix zum Spielen. Gut, daß der Ärger raus ist!

Nach einigen weiteren Minuten kommt Felix zu mir: «Du, Mama, du kannst jetzt Tiemo den Trecker geben, er gibt mir dafür sein Feuerwehrauto.» Das tue ich ohne Zögern, und die Kinder spielen danach wieder zusammen, als ob nichts gewesen sei.

Ich denke abends noch nach über meinen autoritären Eingriff. Ich habe mir damit geholfen. Und den Kindern? Ich war froh, daß sie sich wenigstens hinterher dagegen gewehrt haben, indem sie sich einigten und den Trecker schnell zurückholten.

Am nächsten Tag beobachte ich, wie Felix selbst, auf einem Stuhl stehend, seinen Trecker ins Bord stellt, ohne daß es überhaupt zum Streit gekommen war. Er verzichtet auf seinen Trecker, offenbar, um einen neuen Streit von vornherein zu verhindern. Das macht mich nachdenklich: wie schnell er mein Verhalten übernimmt und auf eine neue Situation abwandelt.

*

Gregor ist zwei Jahre und neun Monate alt. Die Mutter muß noch einkaufen gehen. Aber Gregor will weiterspielen.

«Komm, ich zieh dich an», ruft seine Mutter energisch.

«Dann hau ich dich aber, und dann bist du tot, und dann kommt die Feuerwehr», poltert Gregor böse auf sie los.

Sie versucht, ihn zu beschwichtigen, und sagt: «Aber ich denk, wir wollen Freunde sein!»

Gregor erwidert: «Ich bin nicht deine Freundin, Sanni ist deine Freundin. Dirk ist meine Freundin ... und Papa!»

Die Mutter schluckt. Sie versucht noch einmal ruhig, ihn anzuziehen. Wieder wehrt er sich störrisch: «Ich bin ein Löwe und freß dich!»

Traurig und kleinlaut bringt die Mutter hervor: «Dann hast du keine Mama mehr, wer soll dann deine Mama sein?»

«Papa!»

Sie ist verdutzt. Er will sie los sein? Papa ist immer der liebste, der ist ja auch so selten da! Die Lust zum Einkaufen ist vergangen, die Mutter geht nachdenklich ins Schlafzimmer. Gregor spielt ungerührt weiter mit seinen Pappkartons.

«Ich brauch dich nicht mehr» – das ist es, was die Mutter aus Gregors Protest- und Wutanfall, aus seiner Mütterbeschimpfung herausgehört hat.

Und das wollte er ihr tatsächlich sagen – allerdings lautet seine Botschaft ganz anders, als seine Mutter verstanden hat. Nicht: «Ich brauch dich nicht mehr» – sondern: «Ich brauch dich etwas weniger als bisher. Ich bin ein Ich. Ich habe jetzt ein Spiel. Stör mich nicht dabei.»

Gegen den totalen Zugriff («Wer soll dann deine Mama sein?») kann er sich wehren, weil er tatsächlich noch einen «Ersatz», den Papa, hat, der ja im übrigen sein Vor-Bild im Selbstwerden ist oder werden wird.

*

Peter und ich (Inga) sind vormittags berufstätig. Einer von uns nimmt sich jeden Nachmittag ein bis zwei Stunden Zeit für Sebastian, vierzehn Monate alt. In dieser Zeit darf er ganz alleine bestimmen, was geschehen soll.

Heute will er wieder raus und sein gerade gelerntes Laufen ausprobieren. Anders als alle Kinder, die ich kenne, weigert er sich, auch nur eine Sekunde im Buggy zu sitzen. Bei jedem winzigen Steinchen bleibt er stehen, um es umständlich aufzuheben, jeder Gartenzaun mit dahinter wedelndem Hund fesselt ihn unendlich lange. Meine wiederholten Aufforderungen, ein Stückchen weiterzugehen, werden mit einem Lächeln beantwortet, finden aber keine weitere Beachtung. Er lebt ausschließlich im Hier und Jetzt: Die Blume, die er zerrupft, der Hund, der ihn beschnüffelt und den er streicheln will, die geformten Steine der Garageneinfahrt, die Pfütze, die den Zaun und die Sonne wiederspiegelt, mit der er sich durch Platschen, Steine-Hineinwerfen und Hineintrampeln auseinandersetzt – all dies und er selbst sind das Weltgeschehen, sonst existiert nichts. Meine kalten Füße, meine Langeweile, mein Wunsch, mal kräftig auszuschreiten, zählen gar nicht!

Sebastian weigert sich obendrein, einen bereits zurückgelegten Weg in umgekehrter Richtung noch einmal zu machen. Er wehrt sich mit Händen und Füßen und schrillem Geschrei, den gleichen Pfad zurückzulaufen. Ich bin beeindruckt und ratlos zugleich, muß mir etwas einfallen lassen. Ich versuche es vergeblich mit Ablenkung, Liedersingen und Kriegen-Spielen, aber er bleibt breitbeinig stehen, empört schimpfend. Damit wir wieder nach Hause gelangen, schlage ich einen Kreis über die Parallelstraße. Etwa drei Wochen lang verläuft jeder Spaziergang in dieser Weise.

Schließlich wird es uns zu bunt. Wir setzen ihn ins Fahrradkörbchen, fahren mit ihm in eine andere Gegend, füttern im Teich Enten. Damit ist er einverstanden. Das Kreisspiel ist zu Ende.

Was ist das für ein Spielchen, das er mit mir getrieben hat? Ich hatte mir vorgenommen, daß Sebastian zwei Stunden am Tag bestimmen sollte, was er machen will. Denn den Rest des Tages war er ja dem Rhythmus der Familie unterworfen. Ich hatte mich damit überfordert. Er zeigte uns, daß wir uns so buchstäblich nur noch im Kreise bewegten und uns so reichlich beschränkt vorkommen mußten. Wie allerdings mochte es *ihm* gehen, wenn er sich unserem für ihn undurchschaubaren Tagesablauf anpassen muß? In den drei Wochen, in denen wir uns im Kreis bewegt hatten, hatte ich ständig das Gefühl gehabt, von ihm tyrannisiert zu werden – obschon *ich* ja beschlossen hatte, daß *er* bestimmen können sollte. Auch in diesem Falle hatte sich das schlechte Gewissen als ein elender Ratgeber erwiesen. Ich hatte mir zu viel vorgenommen. Es war unmöglich, zwei Stunden von dieser Geduld aufzubringen. So haben wir wieder selbst (mit-)bestimmt, was passieren soll. Das ist auch eine Art von Kompromiß!

*

Tiemo ist zwei Jahre alt. Wir fahren mit dem Auto kurz vor achtzehn Uhr noch schnell zum Einkaufen. Er und sein Bruder Felix sitzen hinten angeschnallt in ihren Sicherheitssitzen. Wir sind da; eilig helfe ich Felix beim Aussteigen und hebe Tiemo aus seinem tiefen Schalensitz aus dem engen VW heraus.

Tiemo, kaum ist er draußen, schreit: «Nein, nein, *ich* raus!»

Ich habe die Tasche in der Hand, das Auto ist abgeschlossen, ich will ins Geschäft. Tiemo schreit weiter. Ich verstehe zunächst überhaupt nicht, was er will! Also frage ich ihn eindringlich und laut, sein Brüllen übertönend: «Was willst du denn?»

Er erklärt schluchzend, er wolle heute selber aussteigen.

Verdammt! Sonst bleibt er sitzen und wartet, daß ich ihn heraushole, auch wenn ich ihn ausdrücklich bitte, selbst auszusteigen. Heute ist er müde und möchte trotzdem selber herausklettern! Ich bin total genervt. Was ich auch tue, nie paßt es ihm.

Ihn jetzt gegen seinen Willen mitzuschleifen, hieße, ununterbrochenes Brüllen in Kauf zu nehmen. Ein paar Minuten Zeit habe ich noch. Also schließe ich das Auto wieder auf, setze ihn zurück in seinen Sitz, und Tiemo steigt allein aus. Felix und ich warten, Tiemo ist zufrieden, hat schlagartig aufgehört zu schreien.

Warum habe ich seinem Wunsch, selbständig auszusteigen, nachgegeben? War das Kapitulation?

Es gab einen kleinen Spielraum, nur einige Minuten, die ich ihm schenken konnte, ohne gleichzeitig meine Absicht einzukaufen aufgeben zu müssen. Wäre es schon eine Minute vor sechs gewesen, hätte ich ihm diesen Freiraum nicht lassen können. Das Einkaufen hätte Vorrang haben müssen. Ich hätte ihn auf den Arm genommen und nachdrücklich erklärt, warum es nicht anders geht, das Schreien hätte ich in Kauf genommen.

So läuft das oft, daß ich abwägen muß, was jetzt wichtiger ist. Aber ich versuche – und das halte ich für ganz wichtig! –, den Tag so zu planen, daß für die Kinder und mich Freiräume bleiben.

Es gibt Situationen, in denen solche starken Durchsetzungsbestrebungen des Kindes ein sinnvoller Schritt zum Sich-selbst-Ausprobieren sein können. Dies kann zu ernsthaften Auseinandersetzungen zwischen Kindern und Eltern führen, die das Kind als einen Teil der Realität zu bewältigen lernen muß.

Dabei muß dem Kind deutlich werden, daß es nicht darum geht, wer in einer solchen Auseinandersetzung gewinnt. Wichtig ist, daß es erfährt, aus welchen Motiven heraus die Eltern etwas verbieten oder erlauben und daß sie mit dem Wunsch nicht auch das Kind ablehnen. Nur so kann das Kind die Erfahrung machen, daß jede Situation anders ist und es mit unterschiedlichen Reaktionsweisen der Eltern rechnen muß.

Kapitel 6

Show-Business

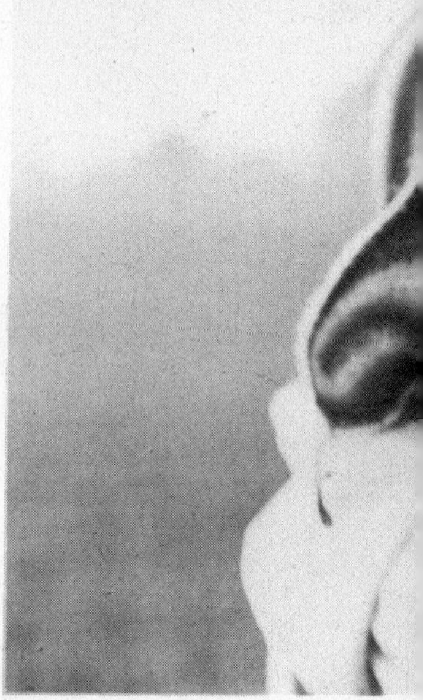

Wir haben in den vergangenen Kapiteln an einzelnen Geschichten verfolgt, wie Neugierverhalten der Kinder uns vor Probleme stellen kann, wie befremdliche Erfahrungen den Kindern und uns Schwierigkeiten machen. Dabei ist auch schon deutlich geworden – z. B. bei Anja, der Tochter von Frau G., welche provokativ die Ordnung des Wohnzimmers störte –, daß das Verhalten des Kindes ganz eng mit den Selbstdarstellungs-Wünschen der Eltern zu tun hat.

Hier sollen nun einige Beispiele folgen, wo sich Befremdliches deshalb ereignet, weil es den Eltern so ungeheuer wichtig ist, mit ihren Kindern gut anzukommen, einen guten Eindruck zu machen. Oder auch durch die Kinder nicht in ein schlechtes Licht gerückt zu werden.

Immer bedeutet das, daß die Kinder von den Eltern wie ein Stück ihrer selbst erlebt werden. Und dieses Sich-Identifizieren mit den Kindern kann peinliche Gefühle nach oben schwemmen.

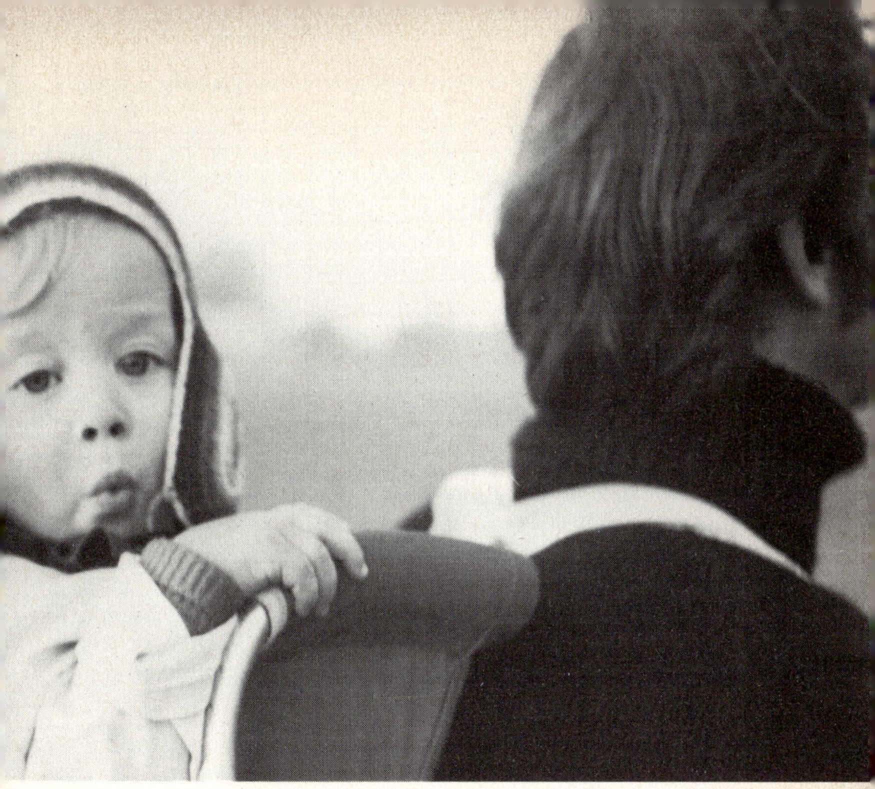

Arne und der Popelfresser

Arnes Vater hat seine Kollegen zu einem Arbeitsessen zu sich ins Haus gebeten. Bevor es richtig losgeht, sagt Arne, zweieinhalb Jahre alt, noch allen Anwesenden «Gute Nacht». Er hat einen starken Schnupfen, seine Mutter ist ständig mit einem Taschentuch hinter ihm her. Aber Arne kommt ihr zuvor. Er liebt es, seine Nase auf seine Weise frei zu machen: Breitbeinig stellt er sich hin, holt tief Luft und schneuzt mit aller Körperkraft den Schleim heraus, so daß der Schnodder sein Gesicht, die Kleidung und die Schmusedecke verschmiert.

Sämtliche Anwesende, außer den Eltern, sind peinlichst berührt. Sie senken ihre Blicke auf den Boden. Aus ihren Mienen entnehmen Arnes Eltern Empörung, Ekel, Angewidertsein und nachdrückliches Erstaunen. Die Stimmung ist auf dem Nullpunkt.

Arnes Eltern packen schuldbewußt ihr Kind und bringen es schnell weg.

Warum benahm sich Arne in Gegenwart der Gäste so auffällig?

Die einfachste Erklärung wäre, daß er auf diese Weise ohne Umwege seinen Schnodder loswurde, Nasenjucken und Luftmangel damit beseitigte.

Arnes Verhalten kann aber auch eine provokative Selbstdarstellung gewesen sein. «Ich bin auch noch da! Ihr sollt mich nicht übersehen!» – «So stark bin ich! Wie ein Drache kann ich schnauben! (Und euch so in Verlegenheit bringen.)»

Hat er gespürt, daß er an dem Abend nur geduldet war, daß er in den Gesprächen der Erwachsenen nicht vorkam, andererseits aber auf dem Präsentierteller saß? Alle beobachteten ihn, aber niemand nahm Kontakt zu ihm auf, niemand beschäftigte sich mit ihm.

Diese Unhöflichkeit beantwortete er mit einer noch «gröberen» Unhöflichkeit.

Eine andere Frage: Warum können die Eltern angesichts seiner Erkältungskrankheit den Gästen nicht mit Humor die Situation erklären, ihn gelassen abwischen und Arne das Gefühl geben, daß sie zu ihm stehen?

Der Abend ist für Arnes Vater ein wichtiges Ereignis. Seine Arbeitskollegen machen sich ein Bild von seinem Familienleben, das für sie wahrscheinlich untrennbar mit seiner Person als Arbeitskollege verbunden ist.

Das Kind repräsentiert – so meinen die Eltern – einen Teil ihrer selbst. Es ist erstaunlich, wie undifferenziert und ängstlich besonders auch Männer diese naive Identifikation «mein Kind = ich» mitmachen – Männer, die sonst im Geschäftsleben zu höchsten intelligenten Leistungen fähig sind, sich aber im sozialen Bereich und besonders in bezug auf ihre Kinder auf einem Niveau unterhalb des Steinzeit-Menschen befinden. Wenn sich das Kind als nicht wohlerzogen erweist, fühlen sie sich als Erziehungsinstanz bloßgestellt. Und natürlich: Niemand erträgt es leicht, sich eine Blöße zu geben. Es bleibt den Eltern also nichts anderes übrig, als diesen vermeintlich «schlechten» Teil von sich schnell zu entfernen.

Das heißt nun keineswegs, daß wir hier für die Unterdrückung der Gefühle bei den Eltern Propaganda machen wollen. Im Gegenteil: Auf dem Spielplatz beobachtete Birgit, eine Bekannte der Autorinnen, neulich, wie ein Kind von etwa drei Jahren in der Sonne sitzend versonnen und ausdauernd in der Nase bohrte und seine Popel in den Mund steckte.

«Popelfresser, Popelfresser!» riefen die älteren Kinder, woraufhin die Mutter auf das Tun ihres Sohnes aufmerksam wurde. Sie ging ruhig, aber bestimmt zu ihm, nahm seine Hand und erklärte: «Das mag ich nicht, bitte, tu das nicht, wenn ich dabei bin!» Und zu Birgit gewandt fügte sie hinzu: «Ich finde das eklig. Zu diesem Gefühl stehe ich auch.»

**«Ich finde das eklig.
Zu diesem Gefühl stehe ich auch!»**

Hier wird deutlich, daß wir trotz vorhandener Ekelgefühle unterschiedlich auf die Beschäftigung der Kinder mit ihren Sekreten reagieren können – offen und um sachliche Deutlichkeit bemüht oder unterschwellig, durcheinander und verschämt, wie das bei Arnes Eltern der Fall war.

Alle Körpersäfte, besonders die «schleimigen», sind in unserer Gesellschaft tabuisiert.

Blut, Eiter, Schleim werden von vielen als hochgradig unästhetisch oder widerlich empfunden. Sie erinnern manchen an Tod, Verwesung und Krankheit und lösen bei vielen Menschen Abwehr aus. Ebenso wie Tod, Krankheit und Vergänglichkeit klammern wir auch Schleim, Rotze, Speichel, Ausfluß aus unserem «gesunden» Leben aus, und wir können es nicht ertragen, wenn ein naives, undressiertes Kind sich lustvoll mit diesen Dingen beschäftigt. Es gilt, sie möglichst unsichtbar zu halten, schnell zu beseitigen und nicht darüber zu sprechen. Wenn ein Kind sie auch noch während des Essens präsentiert, erregt das besonderes Aufsehen und verstärkte Ekelgefühle. Oberstes Gesetz für Eltern ist, ihren Kindern möglichst rasch die diskrete Beseitigung beizubringen. Wenn ihnen das nicht «gelingt», wird dies als gravierender Mangel der Erziehung empfunden und mit sozialer Ablehnung bestraft.

Wenn Eltern sich also mit ihren Kindern identifizieren und versuchen, die Kinder dazu zu bringen, mit ihnen zusammen nach außen hin das Bild einer «harmonischen Familie» zu zeigen, so hat das also ganz reale Gründe auch im Verhalten der Nachbarn, der Arbeits-

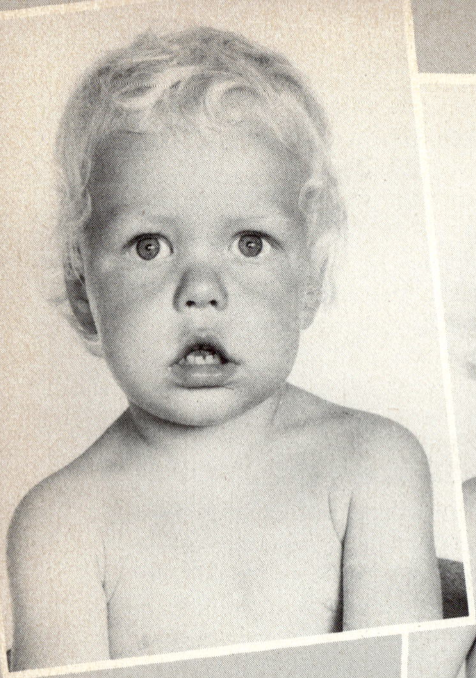
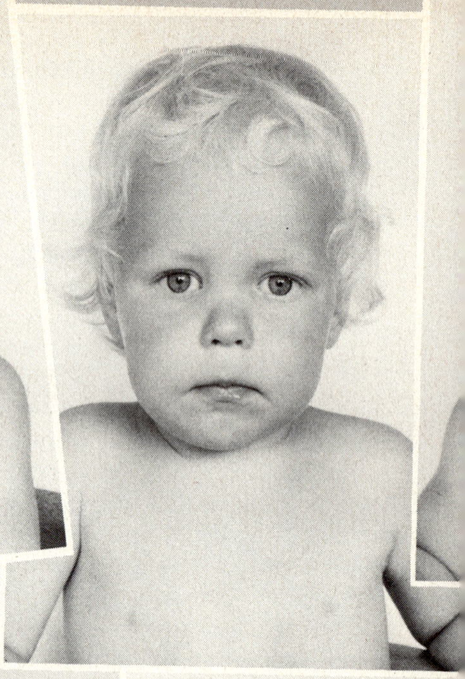
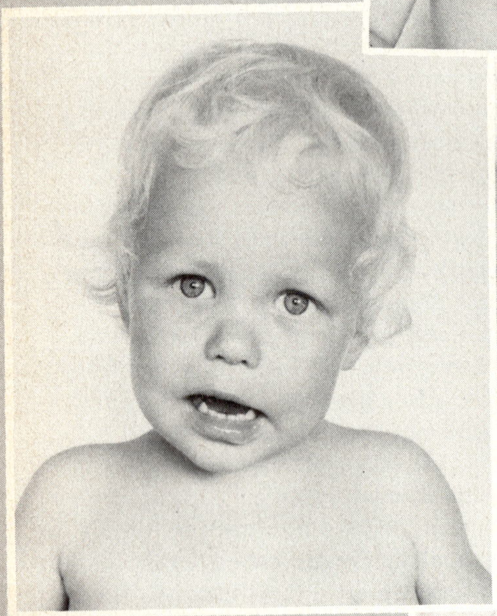
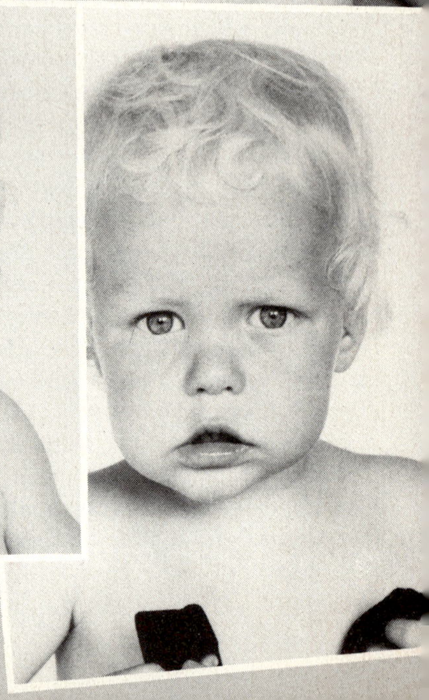

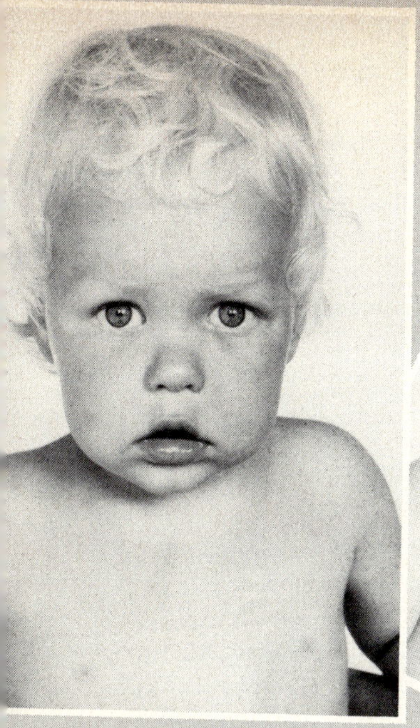

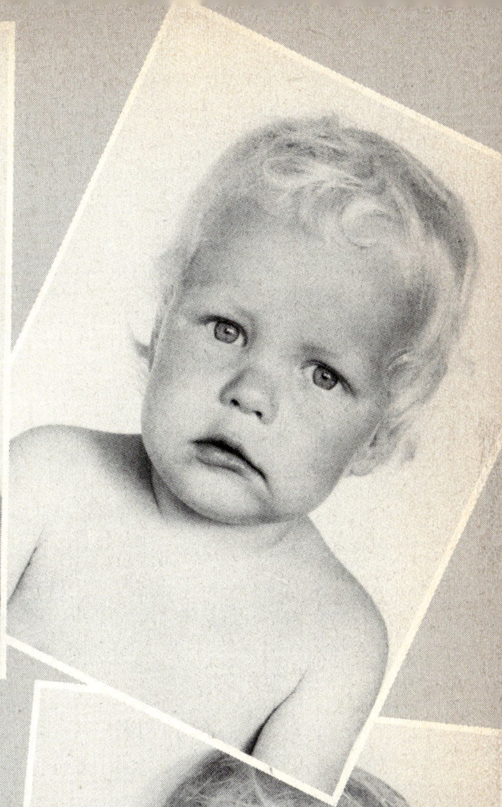

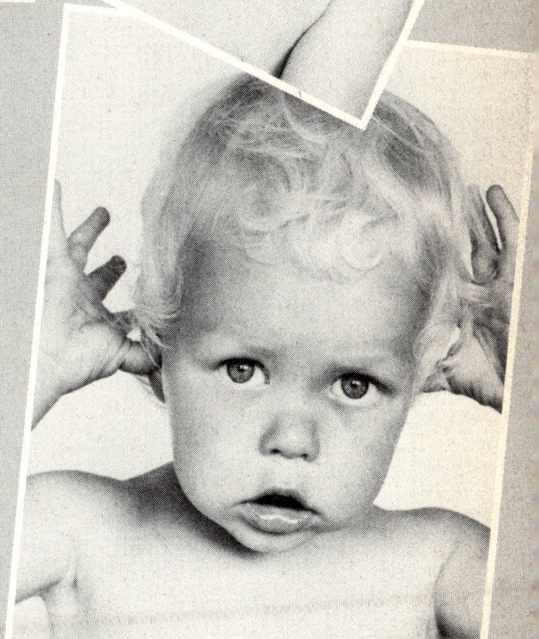

Wenn es dir so schwerfällt, mich zu verstehen, dann mache ich einfach auch dicht!

kollegen und der anderen Menschen, mit denen man zu tun hat.

Wenn heute immer mehr Menschen – besonders Mütter – den Mut finden, gegenüber einer solchen rabiaten, bornierten Umwelt die Rechte ihrer Kinder auf eigene Entwicklung zu verteidigen, so kann der Mut dieser Frauen gar nicht hoch genug veranschlagt werden.

Oft stecken dahinter auch mühsame und schmerzhafte Lernprozesse, wie sie in folgender Geschichte von Inga zum Ausdruck kommen.

«Kindermund tut Wahrheit kund»

Zum erstenmal kommt meine Mutter zu Besuch, um ihren einjährigen Enkel «zu besichtigen», wie sie geschrieben hat.

Sebastian merkt an den Vorbereitungen, die ich treffe, daß etwas in der Luft liegt. Ich bin kribbelig vor Spannung: Ich will mein gesundes, fantasievolles, ausgeglichenes und fröhliches Kind vorführen: Show.

Aber alles läuft ganz anders als erwartet:

Als meine Mutter Sebastian laut begrüßt, ihn überschwenglich auf den Arm nehmen will, weicht er zurück, preßt die Lippen zusammen, seine Blicke gehen zur Seite, er versteckt den Kopf an meiner Schulter. Er steckt die Faust in den Mund. Mit dem mitgebrachten Stoffhäschen in Berührung zu kommen, vermeidet er.

Er wehrt alles ab.

Weder mit ihr noch mit uns noch allein spielt er, solange sie in der Nähe ist. Er quengelt, will sich nicht von ihr füttern lassen, will am Kaffeetisch nicht mal auf meinem Schoß sitzen, will raus.

Meine Mutter ist verletzt und ärgerlich. Sie findet ihn verwöhnt und wählerisch und wirft mir vor, daß ich ihm dies alles «durchgehen» lasse.

Ich habe den Eindruck, wie als Kind «etwas ausgefressen», eine Aufgabe nicht zufriedenstellend erledigt zu haben. Gleichzeitig bin ich auf Sebastian wütend, weil er, so kommt es mir vor, mich mit seinem Verhalten bloßstellt.

In meiner Hilflosigkeit demonstriere ich «perfektes Erzieherverhalten», indem ich Sebastian bewußt an nichts hindere. Jede seiner Verweigerungen kommentiere ich vortragshaft mit Erkenntnissen moderner Pädagogik.

Als mein Sohn und ich zum Zubettgehen in seinem Zimmer allein sind, fängt er endlich an, sich wieder ungezwungen zu verhalten und mich wie jeden Abend zum Mitspielen aufzufordern.

Aber jetzt will ich nicht mitspielen. Meine Enttäuschung, meine Wut auf ihn haben mich steif gemacht. Ich nehme Rache, indem ich ihn mechanisch ausziehe und ins Bett packe. Singen fällt mir heute sehr schwer. Ganz anders als sonst ertönt aus seinem Zimmer kein Mucks mehr, als er uns im Nebenzimmer sprechen hört.

Erst nach und nach habe ich begriffen, was damals geschehen ist:

Ich hatte mir so sehr gewünscht, daß meine Mutter Sebastian «gut» finden sollte. Indem sie ihn gut fand, würde sie auch mich gut finden – sie, die so oft an mir etwas auszusetzen gehabt hatte. Sebastian sollte sie so gut finden, wie er war – und damit endlich auch mich so akzeptieren, wie ich war. Aber wie es meist bei so dringenden Wünschen der Fall ist, bringen wir sie selbst zu Fall durch den Druck, mit dem wir sie verfolgen. Vermutlich hatte ich, als meine Mutter kam, Sebastian mit meiner ängstlichen Spannung längst angesteckt, so daß er gar nicht mehr fähig war, diese fremde Frau, die da kam, normal zu begrüßen.

Als er sich so allen Erwartungen entgegengesetzt verhielt, konnte ich nicht mehr zu ihm stehen: Ich fühlte mich wieder als abhängiges Kind, konnte mich mit meiner Mutter nicht offen auseinandersetzen. Meine Wut, die ihr galt, richtete sich stumm gegen Sebastian. Ich war unfähig, auf sein Erleben, seinen Widerstand angemessen zu reagieren. Und ich verbarg meine Wut dahinter, daß ich ihn als Show- und Demonstrationsobjekt benutzte, um meiner Mutter zu zeigen, wie man mit Kindern umzugehen habe.

Er diente mir als Waffe im versteckten Kampf mit meiner Mutter.

Nachdem ich in jahrelangen mühseligen Versuchen in Gesprächen dahintergekommen bin, welche Funktion Sebastian damals in der Auseinandersetzung mit meiner Mutter für mich hatte, gelingt es mir heute bei meinem jüngsten Kind, anders mit solchen Situationen umzugehen.

Wie sehr wir die Kinder mit unseren Erwartungen im Hinblick auf bestimmte soziale Situationen belasten können, zeigt die fol

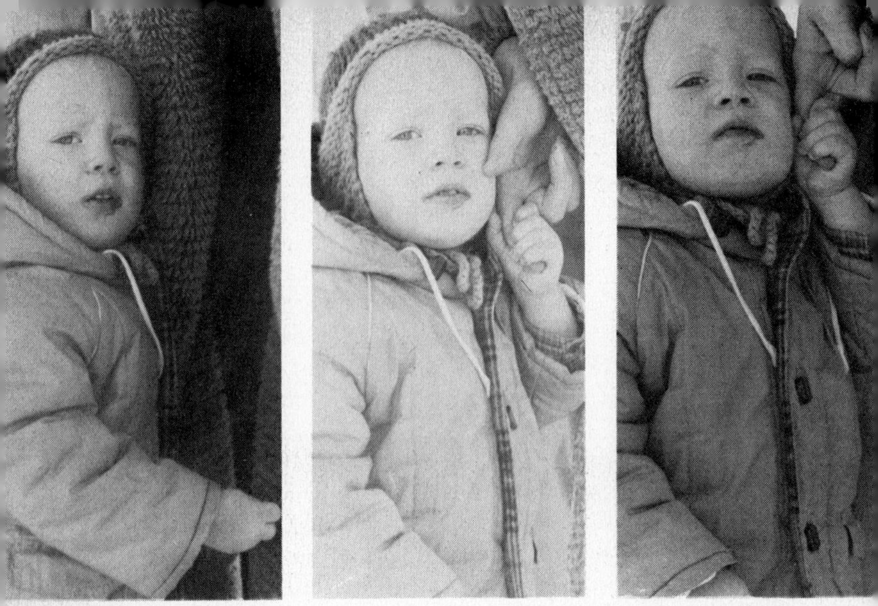

gende Geschichte von Eva. An ihr ist auch sehr schön zu sehen, wie Kinder wieder zu problemlosem Verhalten zurückgelangen können, wenn es ihnen gelungen ist, eine bedrückende Spannung loszuwerden.

Evas Mutter erzählt:

«Eva ist zweieinhalb. Wir fahren zu einem Kurzbesuch auf den Bauernhof der Großeltern. Unzählige Male haben wir zu Hause geübt, wie man Guten Tag sagt, welches Händchen man gibt, daß man die Leute dabei anguckt. Ich will mit Eva einen guten Eindruck bei meinen Eltern hinterlassen.

Wir kommen an.

Eva steigt aus und sieht die Verwandtschaft auf uns zukommen. Sie steckt sofort ihren Kopf runter, guckt verängstigt schräg seitlich hervor, verschränkt ihre Arme auf dem Rücken und denkt nicht daran, die Tanten und Oma und Opa zu begrüßen.

Ich merke, wie ich zornig werde, aber um so mehr versteckt sich Eva hinter meinen Beinen.

«Na, willst du denn mal zu Oma kommen?» fragt Oma erwartungsvoll strahlend.

Eva macht keine Anstalten zu gehen. Da nimmt Oma das Kind hoch, Eva schmiegt sich aber nicht an, sondern ist steif wie ein

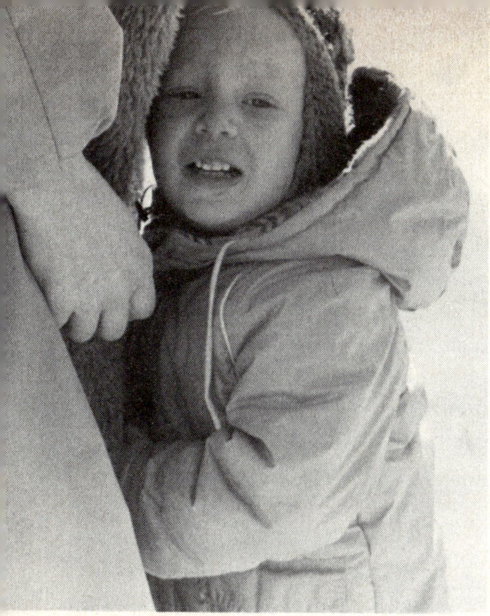

Auch an der Hand eines großen Menschen kann dich die Angst überfallen wie der Schatten eines unerwarteten, großen schwarzen Vogels.

Stück Holz. Sprachlos starrt sie die Fremden an, kein ‹Guten Tag› ist ihr zu entlocken. Eine Weile geht es hin und her. Keiner weiß so recht, was tun. Zögern. Auf einmal merke ich, daß Eva zum Reden ansetzt. Ich merke, wie es mir leichter werden will. Da platzt sie heraus: ‹Oma, du stinkst nach Schweine-a-a.›

Ich bin entsetzt. Wo Oma sich doch extra so fein angezogen hat.

Zum Glück nimmt Oma es humorvoll, aber verlegen, und enttäuscht wirkt sie doch von dieser Begrüßung.

Ganz anders läuft das bei Onkel Ali. Er sitzt auf einem Kinderstuhl in der Wohnstube im Bauernhaus, nichts erwartend, nichts sagend. Er strahlt Eva nur an. Zu ihm geht sie spontan, setzt sich auf seinen Schoß, wo sie lange zufrieden sitzen bleibt und erzählt. Alle wundern sich über Eva. Warum bloß mag sie Onkel Ali so besonders?»

Zunächst einmal ist an dieser Geschichte zu sehen, wie wichtig für Kinder das langsame «Angewöhnen» ist. Die Erwachsenen haben wieder einmal vergessen, daß besonders Kinder einen Sicherheitsabstand gewahrt haben wollen, den sie erst dann verringern können, wenn sie mit den fremden Leuten ein bißchen warm geworden sind. Onkel Ali beachtet diesen Grundsatz und wird dafür von Eva herzlich begrüßt und angenommen.

Die Reihenfolge, in der Menschen gewöhnlich miteinander Kontakt aufnehmen, ist folgende: zuerst über den Blick, dann über Sprache, Berührung der Hände und bei großer Vertrautheit von Körper zu Körper durch «In-den-Arm-nehmen». Diese Reihenfolge halten die Erwachsenen bei Kindern nicht ein, sondern drehen sie dank ihrer Stärke um, anstatt das Kind zu achten und abzuwarten, bis es freiwillig auf sie zukommt.

Warum? Kinder werden in unserer Gesellschaft als schwach, als unreif, als nicht vollwertig angesehen. «Kindheit wird als Durchgangsstadium gesehen, als Vorstufe des ‹richtigen› Menschentums ...» (Ekkehard von Braunmühl).

Deshalb eignen sich kleine Kinder für die Erwachsenen so gut, um sich selbst darzustellen, z. B. in der Geste des Auf-den-Arm-Nehmens: «Guckt mal, was für eine gute Oma ich bin!»

Gleichzeitig holen Erwachsene sich ein Stück Zärtlichkeit, Wärme, Körperkontakt, die sie sonst vermissen. Wir benutzen das Kind für uns selbst und tun nach außen so, als gäben wir dem Kind etwas.

Aber dies – daß die Erwachsenen sich nicht an das Begrüßungsritual halten und das Kind vergewaltigen – ist nur der eine Aspekt von Evas Begrüßungsproblem. Nicht nur die Oma hat ja das Kind mißbraucht, auch die Mutter, die Eva vorher dressiert hat, eine anständige Begrüßung aufs Parkett zu legen. Somit sollte Eva ein zum Sonntagsstaat der Eltern und Großeltern passendes Verhalten an den Tag legen.

Mit Sicherheit hat Eva gewußt, für welche Situation sie so traktiert wurde. Die durch die ungeduldigen Erwartungen ihrer Mutter vermittelte Spannung hatte Eva mit ebensolcher Gewißheit auf den Bauernhof mitgebracht. Diese wurde durch Großmutters überfröhliche Begrüßung noch um einiges gesteigert. Zunächst machte diese Spannung Eva steif und starr. Aber dann fand sie einen Weg, sich ihrer zu entledigen, indem sie der Oma eine handfeste Beleidigung an den Kopf warf und dabei wohl registrieren konnte, wie die Spannung sie verließ und auf die Erwachsenen übersprang, die nun ihrerseits zusammenfuhren und starr und steif wurden.

Wenn sich die warmen Arme um dich legen, kannst du den Kopf zurücklehnen – das ist Trost. ▶

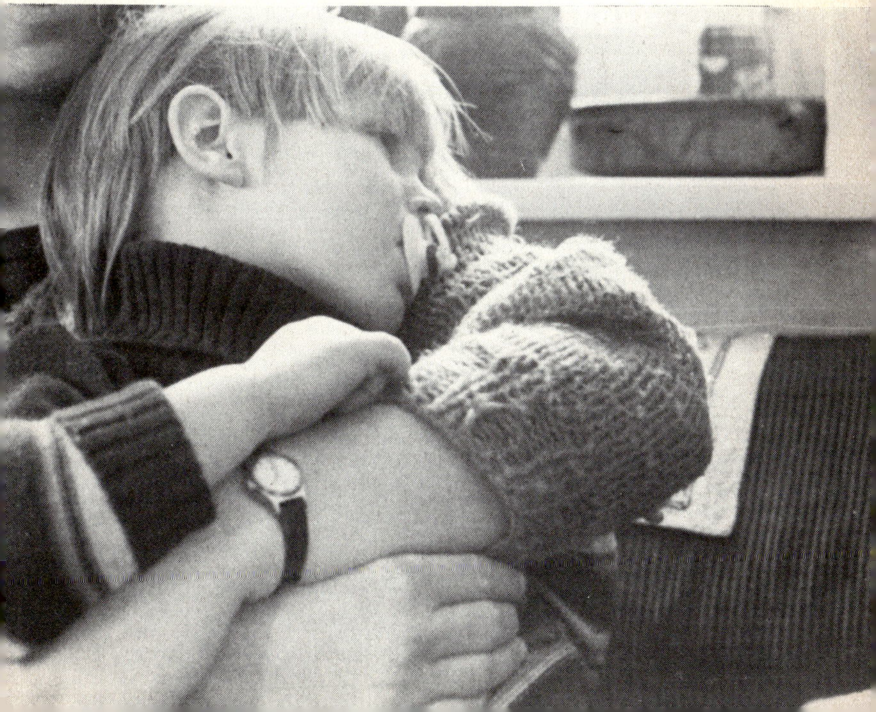

«... wenn es dem bösen Nachbarn nicht gefällt»

Zum Schluß dieses Kapitels noch eine Anekdote, die zeigt, wie die qualvolle Frage: «Was mögen unsere Bekannten, Verwandten, Nachbarn von uns denken?» uns bis in den Intimbereich, bis in das Kinderzimmer verfolgt, selbst wenn die Rolläden heruntergelassen sind.

Katjas Mutter – Katja ist zweieinhalb – hat beobachtet, wie ihre Tochter ab und zu ganz fürchterlich den Teddy verhauen hat. Dabei schimpfte sie: «Du böser Teddy, du warst nicht artig. Du kriegst jetzt den Po voll!»

Wie Katjas Mutter das beobachtet hat – sie ist eine pädagogisch gebildete Frau –, begann ihre Fantasie zu wandern. Sie stellte sich vor, daß Besuch da ist und Katja auf diese Art und Weise mit ihrem Teddy umgeht.

Was wird der Besuch denken? Vielleicht, daß wir Katja mit Prügeln erziehen? Oder gar, daß mein Mann und ich uns schlagen?

Die harmlose Art und Weise, wie Katja mit irgendwo angesammelten Aggressionen umgeht, indem sie es den Teddy entgelten läßt, wird nun zu einem ernsthaften Problem. Katjas Mutter sucht Rat bei einer ihr bekannten Psychologin: «Ich weiß gar nicht, woher das kommt. Mein Mann und ich haben sie garantiert nie verhauen. Und uns haben wir auch nie geschlagen. Sie war auch nie bei Fremden, bei denen geschlagen wurde. Wir wissen einfach nicht, warum Katja das tut. Stellen Sie sich bloß vor, wir haben Besuch, und Katja verhaut ihren Teddy dermaßen. Was sollen die denn von uns denken! Daß wir sie bei jeder Gelegenheit verkloppen?!»

Wie in einem Bilderbuch zeigt sich hier der Zusammenhang von elterlichen Ängsten, Selbstdarstellungswünschen und dem kindlichen Verhalten.

Ja, qualvoll verfolgen uns oft solche Fantasien, was andere von uns halten oder denken mögen. Da hilft es uns nicht, wenn uns versichert wird, daß das Verhalten des Kindes unproblematisch ist. Damit ist der zwanghafte Gedanke an den Nachbarn nicht aus der Welt.

Solche Abhängigkeit zu überwinden, hat mindestens zur Voraussetzung, daß wir sie anerkennen und als real akzeptieren. Dabei kann einem allerdings helfen, wenn man sich bei unerwünschtem Verhalten eines Kindes fragt:

1. Wie finde *ich* das?
2. Was werden *andere* davon halten?
3. Was sagt *das Kind* darüber, warum es das tut?

Solche Fragen sind Krücken, klitzekleine Hilfen, um weiterzukommen. Das Entscheidende ist letztlich, mit ein wenig Mut in kleinen Experimenten auszuprobieren, was passiert, wenn man in begründeten Fällen ein wenig gegen die Meinung der Nachbarn und Freunde verstößt.

Kapitel 7

«... ständig Mätzchen beim Essen!»

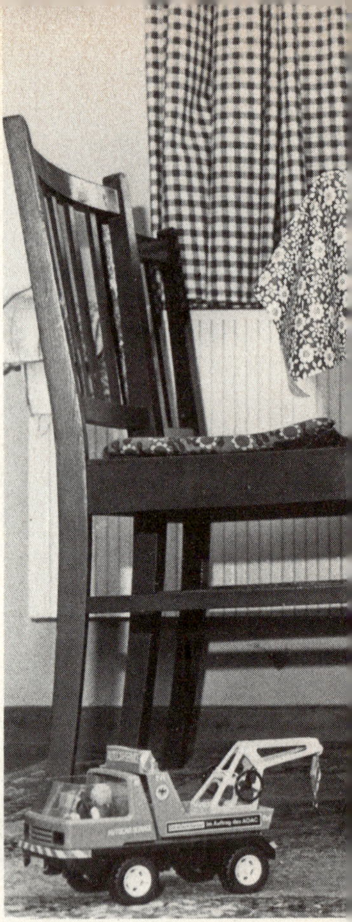

Wir wollen unsere Freunde Doris und Manfred zum Kino abholen. Doris ist Steuerberaterin. Sie hat ihre Praxis unter schmerzvollem Verzicht aufgegeben, weil sie für Mathias keine passende Tagespflegestelle fand. Sie hat sich – wenn auch mit Widerwillen – in ihre Hausfrauenrolle gefügt. Sie ist unzufrieden. Manfred, Ingenieur, den ganzen Tag außer Haus, auch am Wochenende mit Arbeit eingedeckt, erwartet von ihr als Entschädigung für seine berufliche Überlastung «ein warmes Nest» und vermißt es.

Seit ich (Inga) Doris kenne, bewundere ich ihre schlanke Linie. Gleichzeitig widert es mich bei jedem Essen mit ihr an, wie sie lustlos in den Speisen herumstochert.

Als wir kommen, sind sie mit ihrem Sohn Mathias, zwei Jahre alt, noch beim Abendbrot. Die Atmosphäre ist gespannt. Mathias sitzt mit hochgezogenen Schultern und abwehrenden Händen vor einem in Würfelchen geschnittenen Wurst-Brot, beide Eltern gequält daneben.

Doris, blaß, wütend und mühsam beherrscht, platzt heraus: «Was mache ich bloß mit diesem Kind? Seit zwei Jahren kümmere ich mich andauernd um ihn, es fehlt ihm an nichts. Aber er macht ständig Mätzchen beim Essen. Er wird mir noch krank!» Und zu Mathias gewandt: «Nun iß doch mal einen Gang schneller, wir wollen los! ... Kau nicht hundertmal auf einem Bissen, schluck doch runter! Ich sitze so lange neben dir, bis der Teller leer ist.»

Ich kann das kaum mit anhören, beschwichtige: «Ach, laß ihn mal einen Augenblick in Ruhe!»

Während wir uns über das seit der Geburt vorhandene Eßproblem bei Mathias unterhalten, nimmt dieser mit spitzem Daumen und Zeigefinger ein Stückchen Brot, schiebt es sich zwischen die zusammengepreßten Lippen und kaut es offensichtlich angewidert vorn mit den Schneidezähnen.

Für die meisten Eltern in unserem Bekanntenkreis ist es kein Problem, wenn ihr Kind bestimmte Speisen ablehnt, den Teller nicht leer ißt oder mal ganz streikt.

Doris und Manfred dagegen sind wegen der Essensprobleme von Mathias außerordentlich besorgt.

Ich frage nach den eigenen Erfahrungen mit dem Essen. Doris rückt nur ungern damit heraus. Sie habe als Kind selber das Essen immer als Muß und Quälerei empfunden. Ihre Mutter habe sie stets gezwungen, alles aufzuessen.

Ihre Erfahrungen als Kind haben dazu geführt, daß sie bis heute nie recht Appetit hat oder eine Mahlzeit richtig genießen kann. Einen Zusammenhang aber zwischen ihren eigenen Eßproblemen und dem Verhalten von Mathias kann Doris nicht erkennen, den mag sie nicht wahrhaben. Solange ihr aber die Konsequenzen aus diesem eigenen Problem nicht klar werden, kann Mathias' Eßproblem nicht wirklich gelöst werden. Doris wirkt zwangsläufig als negatives Vorbild für Mathias.

Gerade in den ersten Lebensjahren ist es den Kindern zu eigen, alles nachzuahmen, was die Eltern machen. Dies können sie nur, weil sie außerordentlich deutlich spüren, wie ihre Eltern in bestimmten Situationen empfinden und reagieren. So werden kleine Kinder leicht zum Spiegel des elterlichen (Fehl-)Verhaltens, was bei den Erwachsenen nicht selten mit Ärger und Abwehr aufgenommen wird.

Aus Angst, daß Mathias die gleichen Eßprobleme bekommen könnte wie sie, versucht Doris (mit den gleichen Mitteln wie ihre Mutter damals), ihr Kind zum Essen zu bewegen. Hier wird deutlich, wie wir in Krisensituationen dazu neigen, auf vermeintlich «bewährte Praktiken» der eigenen Kindheit zurückzugreifen. Dabei laufen Eltern Gefahr, Verhaltensstörungen über Generationen weiterzugeben. Urteile wie «Das steckt wohl bei denen in der Familie!» führen dann absurderweise zu der Annahme, das Fehlverhalten sei wohl angeboren, statt daß die Lerngeschichte eines Verhaltens über Generationen zurückverfolgt wird.

Um dem Sohn den Ernst der Lage klarzumachen, droht Doris täglich damit, er werde krank werden, wenn er nicht esse. Angesichts solcher Prophezeiung begibt sich der Junge mehr und mehr in die Rolle des Patienten. Sein blasses Aussehen ruft in der Mutter erneut Besorgnis hervor, so daß sich alle Beteiligten immer mehr im Kreise bewegen: Er ißt nicht – sie glaubt durch Druck helfen zu können – er leistet Widerstand, wird dünner – sie verkrampft sich noch mehr im Druck-Ausüben – für ihn wird der Widerstand zur entscheidenden Frage des Ichwerdens und Selbstseins …

Die Familientherapie geht lange schon von der Erkenntnis aus, daß «Verhaltensauffälligkeiten» bei Kindern aus der Familiensituation verstanden werden müssen. In vielen Familien oder vergleichbaren Lebensgemeinschaften gibt es unerkannte, beiseite geschobene, geleugnete Probleme. Geleugnet werden sie oft deshalb, weil es als bedrohlich für den Bestand der Familie/Gruppe erlebt würde (und zwar von den «Starken» im Verbund), wenn die Konflikte offenbar würden. Entlastend wirkt dann oft, wenn ein Mitglied der Gemeinschaft – meist ein Kind – problematisch oder verhaltensauffällig wird. Die Aufmerksamkeit konzentriert sich dann auf die «Erziehungsschwierigkeiten», z. B. die Eßprobleme des Kindes. Andere, die «eigentlichen» Probleme (z. B. in der Partnerschaft und Rollenverteilung der Eltern), bleiben zunächst im dunkeln. Daß Mathias sich das Essen (ohnehin ein beliebter Anlaß für Machtkämpfe zwischen Altvorderen und Nachwuchs) als Problemfeld «ausgesucht» hat, hängt offensichtlich mit Mutters Konflikt auf diesem Gebiet zusammen. Es ist wenig aussichtsreich, Mathias' Weigerung zu essen, isoliert zu behandeln – etwa durch den Kinderarzt –, solange die zugrundeliegende Störung in der Beziehung der Eltern nicht gleichzeitig angegangen wird.

Oft verschwinden «Verhaltensstörungen» von Kindern ganz allein, wenn die anderen Familienmitglieder ihre Probleme lösen konnten oder wenn die Kinder aus dem Familienverbund ausscheren (z. B. in der Pubertät).

Auch scheinbar zufriedenstellendes Essen und Trinken kann genau wie die Essensverweigerung einen problematischen Hintergrund haben. In der Kindergruppe erzählt Frau H. auf einem Elternabend:

«Das einzige, was unsere Julia beruhigt, ist ihre Flasche. Wir haben deshalb viele Flaschen bereitstehen, entweder Milch oder Saft oder Kindertee, den sie besonders gern trinkt, weil er so schön süß ist. Ich habe Austauschsauger und Flaschen immer griffbereit. Damit sie abends gut einschläft, bekommt sie als Gute-Nacht-Trunk Milch mit Honig. Bevor ich ins Bett gehe, stelle ich ihr die Saftflasche für morgens in Reichweite, dann läßt sie uns noch etwas länger schlafen.

Ich bin mir jetzt aber unsicher. Ich höre dauernd, daß der gesüßte Kindertee so ungesund für die Zähne sein soll. Der Kinderarzt hat mir neulich gesagt: ‹Sie erziehen das Kind zum Trinker!› Jetzt weiß ich nicht mehr, was ich machen soll, um das abzustellen. Julia kann nicht mehr ohne Flasche auskommen!»

«Bei uns lief das auch so», unterbricht Frau K. ganz aufgebracht. «Mit Tobias kann ich mit seinen zweieinhalb Jahren nirgendwo außer Haus gehen, ohne die Saftflasche in der Tasche zu haben. Kinder brauchen doch so viel Flüssigkeit!»

Die Teeflasche ist oft tatsächlich das Mittel, das bei Unzufriedenheit am schnellsten hilft, wenn wir selber gestresst, nervös, nicht zuwendungsbereit sind. Das «Argument» vieler Eltern-«Ratgeber», Kinder brauchten sehr viel Flüssigkeit, bestärkt die Eltern darin, den Kindern bei jeder Unpäßlichkeit etwas zum Trinken anzubieten.

Mütter hören aus dem Schreien ihres Kindes häufig hauptsächlich den Appell: «Hilf mir endlich!» heraus oder den Vorwurf: «Du gibst mir nicht genug!» Dann ist das Schreien natürlich besonders belastend – wie ein Angriff auf die eigene Person.

Saugen, Lutschen, mit dem Mund Erfahren: wichtige Aktivitäten, aber sie können auch zum bloßen Ersatz für anderes werden. ▶

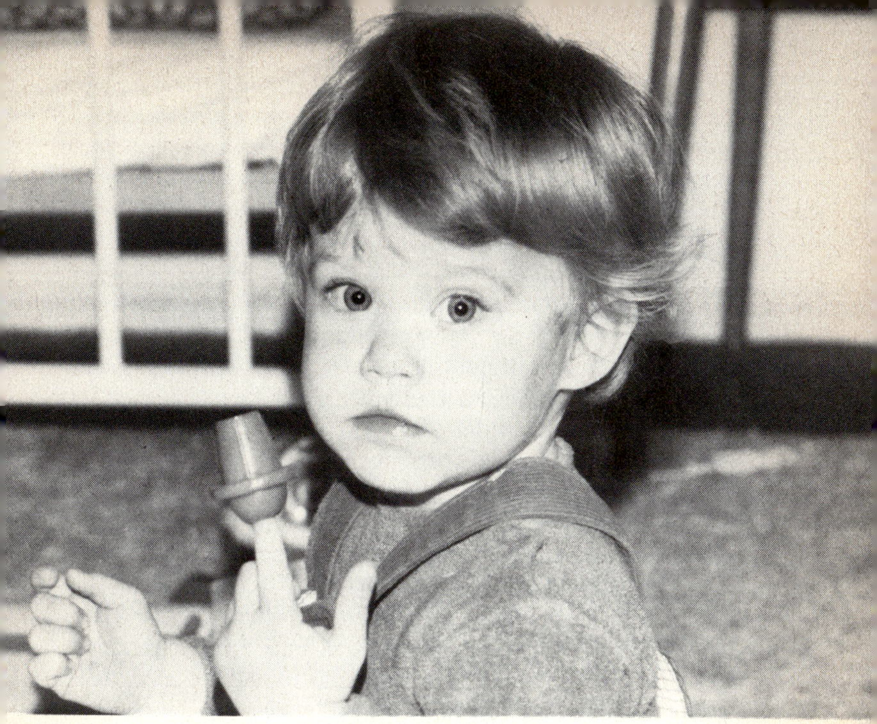

Für Eltern und Betreuer, die im Umgang mit dem Kind unsicher sind, die Schuldgefühle dem Kind gegenüber haben (vielleicht weil sie berufstätig sind oder auf das Kind natürlicherweise öfter einmal wütend und ärgerlich sind), ist jede Form von Unzufriedenheit des Kindes ein Hinweis auf die eigene «Unfähigkeit». Das macht Angst. Angst aber hat Einfluß auf das Wahrnehmen und Denken: Sie verzerrt die Wahrnehmung und blockiert Denkvorgänge. So können Eltern die wahren Bedürfnisse ihres Kindes nur noch verzerrt wahrnehmen. Sie interpretieren unter Umständen jeden Mangelzustand ihres Kindes als «Durst» und eilen mit der Teeflasche herbei, um Abhilfe zu schaffen.

Es ist eine Weisheit der alten Großmütter – und auch große Forscher wie Janov oder Freud halten das für wahr –, daß Saugen ein zentrales Bedürfnis des kleinen Kindes ist. In Spannungszuständen findet es durch Saugen an der Brust oder beim Fingerlutschen Trost und Befriedigung, Schmerz und Einsamkeit treten vorübergehend in den Hintergrund oder verschwinden ganz. Wenn aber auch die Befriedigung des Bedürfnisses nach menschlicher Nähe ausschließlich über Essen und Trinken geschieht, lernt das Kind, Einsamkeit und Traurigkeit und Spannung jeder Art durch Essen und Trinken zu «beseitigen». Aus der allgemeinen Unsicherheit, die das Schreien des Kindes bei manchen Eltern immer wieder hervorruft, kann sich bei diesen allmählich die deprimierende Selbsteinschätzung entwickeln: «Meine Fähigkeiten reichen nicht aus, um das Kind zufriedenzustellen. Ich tauge wohl nicht als Mutter.» Statt das Kind auf den Arm zu nehmen und in Ruhe nach den Ursachen seiner Verstimmung zu forschen, setzen solche Menschen dann in ihrer Not auf die regelmäßig zu erwartende, kurzfristig beruhigende Wirkung der Teeflasche. Diese nimmt ihnen aber die Chance, das Kind selbst zu trösten und mit Mitteln zu befriedigen, die ihnen zur Verfügung stehen: streicheln, das Kind auf dem Arm ihren beruhigenden Herzschlag hören lassen, es zärtlich ansprechen, ihm Dinge zeigen.

Sie verpassen durch die Teeflasche also eigene Erfolgserlebnisse, die wiederum Sicherheit und Vertrauen in die eigenen Fähigkeiten hätten vermitteln können. Selbstvertrauen und die Zuversicht, daß (im großen und ganzen) schon alles richtig laufen werde, sind wichtige Voraussetzungen dafür, daß Erwachsene dem Kind das Gefühl von Sicherheit und Geborgenheit vermitteln können.

In den meisten Krippen wird das Kapitel «Essen» lediglich als ein organisatorisches Problem und Mittel optimaler Nahrungszufuhr gesehen. Daß es tiefgreifenden Einfluß auf die psychische Verfassung aller Beteiligten und auf die Persönlichkeitsentwicklung der Kinder hat, wird oft verdrängt, weil die Arbeitsbedingungen ein bedürfnisorientiertes Vorgehen einfach nicht zulassen.

Lilian, 38 Jahre alt, seit zwei Jahren als Betreuerin in einer altersgemischten Gruppe mit Kindern von einem halben bis drei Jahren tätig, berichtet von ihrem mühsamen Lernprozeß in Sachen Ernährung:

«Als ich die Gruppe übernahm, war das ganze Kapitel Essen ein rotes Tuch für mich. Wir hatten auf der Kinderpflegeschule mit keinem Wort etwas darüber gehört, wie man mit Kleinstkindern den Essensvorgang optimal gestaltet. Meine Erfahrungen hatte ich nur aus den Schulpraktika, und da habe ich die ‹Abfütterei› als monotonen Horror erlebt. Die Kinder wurden auf den Schoß genommen, ein Arm wurde eingeklemmt, der andere festgehalten, damit sie nicht mit dem Löffel herumschmieren konnten, und dann ging es los: einen Löffel voll reinschieben, wieder voll machen, wieder rein, bis der Teller leer war. Eher wurde nicht aufgehört. Und dabei mußte ich oft noch die ganze Babygruppe im Auge behalten, was schlimm war, weil oft alle sieben Babys gleichzeitig vor Hunger schrien und wir jeder nur eine Hand zum Füttern hatten.

Das Schlimme war auch: Ich wußte aus dem Psychologie-Unterricht, daß Babies Spaß am Schmieren und Matschen haben. Aber mir selber ist jede Art von Schmiererei zuwider. Putzerei hasse ich! Außerdem habe ich von zu Hause ganz schön strenge Eßmanieren mitbekommen.

Na, kurz und gut, zuerst habe ich alles so gemacht, wie ich es bisher gesehen hatte. Die Kinder kriegten die kleinen Lätzchen umgebunden, auf den Tisch gelegt und den Teller draufgestellt. So mußten die Kinder stillsitzen, wenn sie sich nicht alles auf den Schoß kippen wollten. Als das das erste Mal bei Janine passierte, tat sie mir so leid, sie hatte sich so furchtbar erschrocken.

Da haben wir angefangen, die ganze Esserei zu verändern.

Zuerst haben wir Riesenlätzchen aus alter Bettwäsche genäht. Dann haben wir aufgehört, die Kinder so lange sitzen zu lassen, bis

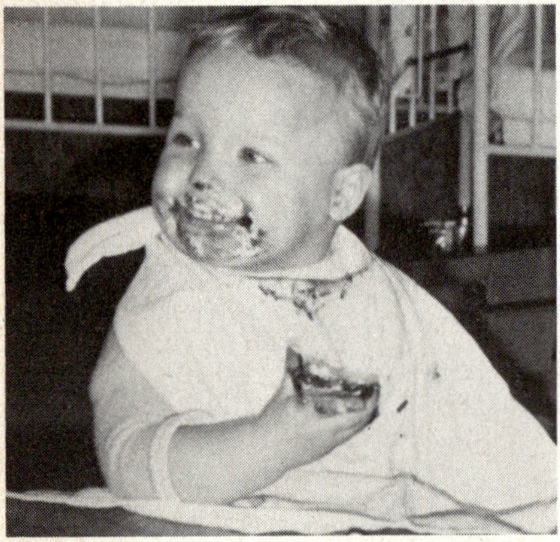

alle fertig waren, sondern damit angefangen, daß sich die Kinder das Essen selbst auffüllen durften, wenn sie wollten. Den meisten macht das Spaß, einige finden es aber immer noch gut, wenn ich ihnen den Teller gefüllt gebe. Das brauchen sie wohl noch.

Was ich dabei toll finde, ist, daß sie nicht so unbeteiligt vor sich hinmuffeln, sondern sich gegenseitig beobachten, sich mal was wegnehmen, sich was geben.

Sie vergleichen auch: wer schon vollere Löffel auffüllen kann, wer was lieber ißt. Und sie zeigen auch deutlich, daß sie beim Essen was lernen, weil sie ja darüber sprechen, ob das Essen süß, sauer oder salzig schmeckt, ob es fest oder flüssig ist, und auch Gerüche können sie schon gut unterscheiden.

Die meisten helfen mir auch beim Abpellen von Bananen, teilen die Negerküsse aus, und oft helfen auch die älteren den jüngeren. Ich kann geradezu verfolgen, wie die Kinder geschickter und selbständiger werden, und sie nehmen mir durch ihre wachsende Selbständigkeit allerhand ab, schaffen mir natürlich im gleichen Moment neue Arbeit. Ich kann also nicht sagen, daß ich weniger Arbeit hätte als früher oder mehr, aber die Arbeit ist ganz anders, irgendwie überraschender und mit mehr Spaß dabei. Ich bin abends hundemüde, aber auch zufriedener als früher, nicht mehr so zerschlagen.»

◀ *Oft steht der Spaß der Kinder beim Essen in einem direkten Verhältnis zum Ärger der Erzieherinnen, die die Arbeit damit haben. Das muß nicht so sein …*

Kapitel 8

«Jede Nacht das Gleiche – fast wie Folter»

In der Elternschule wird über abendliche Einschlafprobleme gesprochen. Dabei fällt Brigitte ein, daß ihre Tochter Nina viel zurückhaltender in ihren Forderungen gewesen sei als der jüngere Sohn Nico:

«Zum Beispiel dieses Nachts-Ankommen:

Nina hat es einmal versucht, als sie zwei Jahre alt war. Da hat sie mit ihrem Teddy plötzlich in der Tür gestanden, hat ganz leise gefragt, ob sie reinkommen könnte in unser Bett. Da hat sie einmal tüchtig Bescheid gekriegt. Und dann hat sie es nie wieder versucht.

Mir dreht sich jetzt noch der Magen um, wenn ich daran denke.

Sie holt sich heute auch nachts ihre Zuwendung, aber anders. Sie hat Durst, ihre Bettdecke ist dauernd verrutscht, irgendwas ist vor dem Fenster. Aber sie sagt nie, was sie wirklich von mir will.

Nico ist da ganz anders. Er fängt jede Nacht um zwei an zu rufen, dann stehe ich auf, hole ihn in mein Bett, lege den Arm um ihn, und er schläft sofort. Das ist mir natürlich zu eng, und wir haben schon versucht, sein Bett in unser Zimmer zu stellen – umsonst. Er schreit wie eine Feuerwehrsirene, und alles kuscht.

Aber ich weiß dann auch, woran ich bin.

Bei Nina weiß ich das nie so genau. Ich glaube, die hat, weil sie still und zart wirkt, nie gelernt, wirklich zu sagen, was sie will. Und wir waren damals, als sie noch so klein wie Nico war, auch oft so viel mit uns selbst beschäftigt, daß wir gar nicht gemerkt haben, wenn sie wirklich mal etwas wollte, geschweige denn, daß wir dar-

Wer sich nicht gegen Ins-Bett-schick-Eltern behaupten muß . . .

auf eingehen konnten. Damit haben wir ihr, glaube ich, gleich von vornherein das Wasser abgegraben. Und sie hat sich das immer gefallen lassen, hat nie geschrien oder gestrampelt, sondern sich in eine Ecke verkrümelt. Und wir sind wieder zu unseren eigenen Problemen übergegangen.»

Gunhild hat für sich und die Kinder in einer ähnlichen Situation folgende Lösung gefunden:

«Tiemo, zwei Jahre, und Felix, vier Jahre, schliefen in ihren Betten im Kinderzimmer nach entsprechender Gute-Nacht-Geschichte gut ein. Dort waren sie ziemlich weit weg von unserem Schlafzimmer. Nachts kam es immer wieder vor, daß der eine oder andere schlecht träumte, weinte oder einfach mal zu uns wollte. Lange Zeit sind wir dann in solchen Situationen, durch schrilles Schreien aus dem Tiefschlaf gerissen, durch die Wohnung gerannt, um nach den Kindern zu sehen. Nach drei Monaten mit solchen Problemen gaben wir das nächtliche Herumlaufen auf. Wir errichteten ein Matratzenlager für beide Kinder neben unseren Betten.

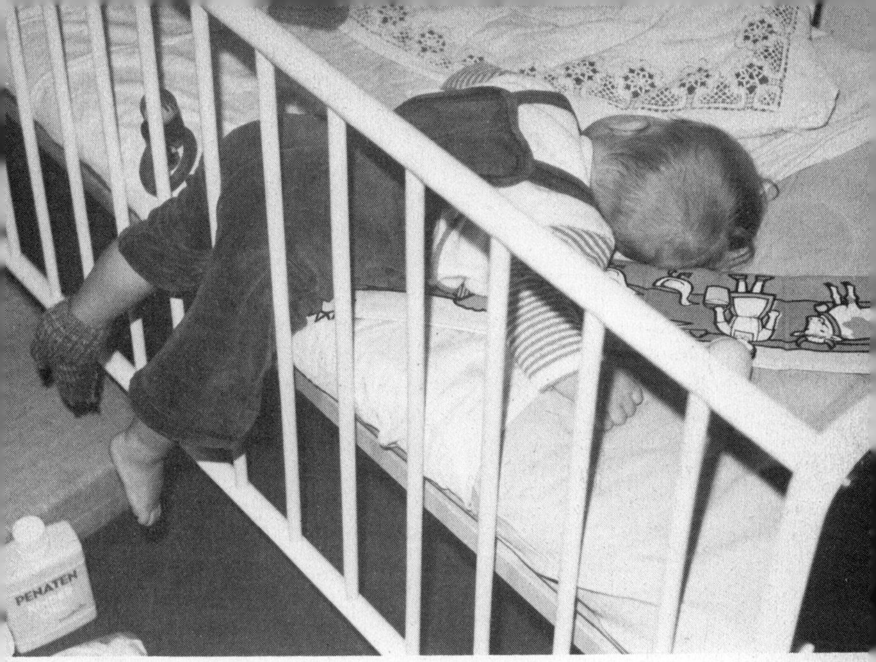

... kann müde werden und schläft in jeder nur denkbaren Lage ein.

Wenn wir abends schlafen gehen, trägt jeder ein Kind schlafend in unser Zimmer. Seitdem stören sie uns nachts viel seltener. Schon, wenn sie anfangen, unruhig zu werden, können wir reagieren: Wir streicheln sie oder sprechen ruhig mit ihnen. Wir haben auch ein Töpfchen dabei – für alle Fälle.»

Joachim, Vater von Axel und Marc, ist unzufrieden:

«Das klingt ja sehr ideal! Meine Kinder kommen nachts auch an, aber nicht, weil ihnen etwas fehlt oder sie schlecht träumen, sondern weil sie einfach spielen wollen. Jede Nacht ist es das Gleiche, es ist fast wie Folter. Wir sind müde und abgearbeitet vom Tag, und sie sind nach einigen Stunden Schlaf munter und unternehmungslustig. Nachts um zwei geht es meist los, sie wachen auf und wollen spielen, aber nicht alleine, sondern mit beiden Eltern! Es lohnt sich gar nicht mehr, ins Bett zu gehen! Wie lange wir das wohl noch aushalten?»

«Kann es sein, daß deine Kinder einfach noch nicht müde genug sind, wenn sie abends ins Bett kommen?»

«Ja, das ist möglich. Sie brauchen jeden Tag einen langen Mittagsschlaf.»

Gunhild meint dazu: «Wenn Tiemo nachmittags zwei Stunden schläft, ist er vor neun Uhr abends nicht müde. Früher gab es oft Geschrei, wenn wir ihn zu früh zu Bett brachten. Auch wenn wir ihn zu spät auszogen, wenn er schon todmüde war, hatten wir Schwierigkeiten mit ihm. Jetzt machen wir es so: Wir machen ihn bettfertig mit Wollsocken und Wolljacke drüber und lassen ihn so lange spielen, bis er sichtbar müde wird. Das merken wir daran, daß er weinerlich wird, weil ihm nichts mehr so recht beim Spielen gelingen will, oder er legt sich auf den Boden und nuckelt. Das Abschiednehmen erleichtern wir ihm dadurch, daß wir ihn fragen: ‹Willst du noch etwas mitnehmen?› Dann gibt es einen nahtlosen Übergang zum Schlafen.»

Viele Verständigungsprobleme mit Kindern ranken sich um das Zu-Bett-Bringen und das nächtliche Durchschlafen. Kinder verarbeiten die Erlebnisse des Tages im Traum weiter, was verständ-

«Meine Kinder kommen nachts, weil sie einfach spielen wollen»

licherweise oft mit negativen Gefühlen wie z. B. Angst verbunden ist. Der weitverbreiteten Auffassung, daß Kinder vom ersten Lebenstag an in einem eigenen Zimmer, getrennt von den Eltern, schlafen lernen müßten, steht das Urbedürfnis des Kindes nach Sicherheit und Geborgenheit entgegen, die es besonders in körperlicher Nähe der Eltern findet. Deshalb sollte niemand versuchen, «allgemein gültige Richtlinien für das Schlafen der Kinder» zu suchen, sondern gemeinsam mit seinem Kind herausfinden, bei welcher Regelung das Kind und die Eltern sich am wohlsten fühlen. Das kann mühsam sein, es lohnt aber sehr, da jeder, der es probiert, dabei viele Erfahrungen und Erkenntnisse über das Kind und die Bedürfnisse der Eltern gewinnt.

In den Krippen ist das Thema «Schlafen» ein besonders heißes Eisen. Es gibt ein breites Spektrum von Möglichkeiten, wie mit dem Schlafengehen verfahren werden kann.

Eine Krippe, die den Mittagsschlaf als Möglichkeit zur Verhinderung von Infektionskrankheiten durch Zufuhr frischer Luft bei jedem Wetter sieht, verfährt wie folgt:

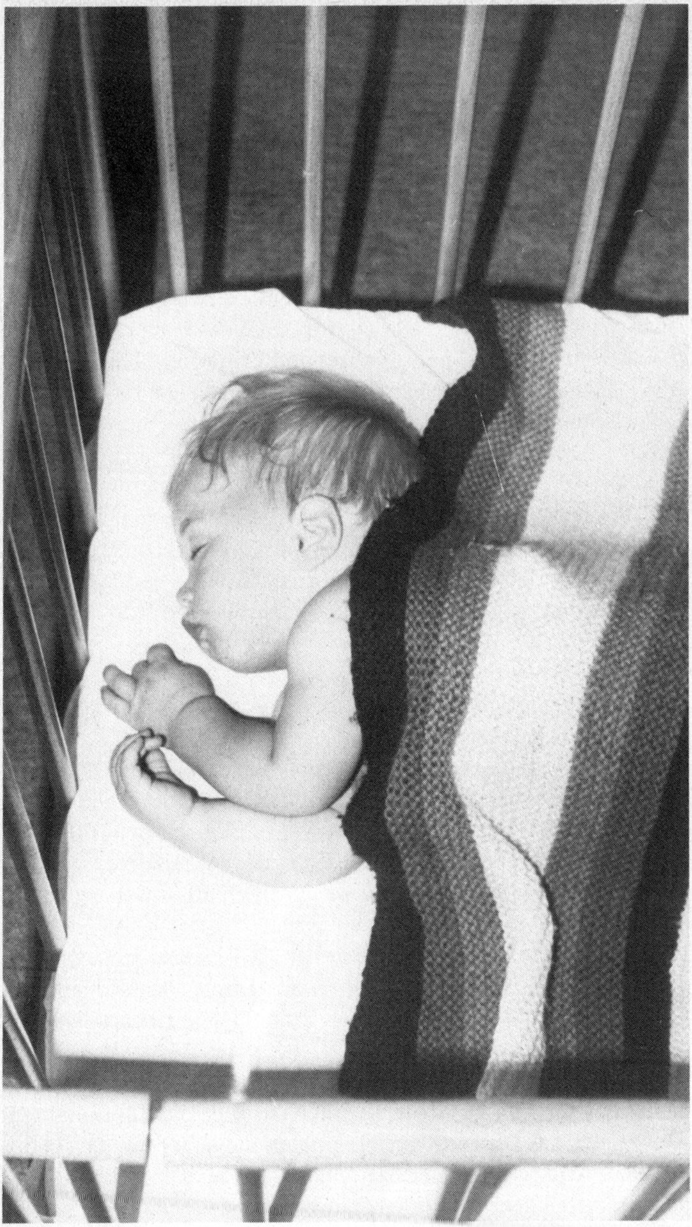

Damit die Babys in der frischen Luft ungefährdet schlafen (nicht aufstehen und sich bewegen) können, werden sie in etwa ein Meter hohe Segeltuch«krippen» gelegt und samt ihrer Federdecke, Wolldecke und Oberbekleidung mit einer Windel «fixiert». Eine Mitarbeiterin wird zur Schlafwache verpflichtet, so daß alle anderen «Pause» haben (in der sie Stoffwindeln legen und Babywäsche ausbessern müssen).

Die Kinder schlafen unter diesen Bedingungen ziemlich rasch ein.

Wie wird sich das später darauf auswirken, wie sie Entspannung suchen?

Die Kinder lernen früh, Zwang und Einengung hinzunehmen und jeglichen Widerstand aufzugeben, gar nicht erst zu versuchen.

Wohltuend hebt sich dagegen die Lösung einer Baby-Initiative ab:

In einem kleinen schummrigen Schlafzimmer steht ein großes Gemeinschaftsbett mit vielen unterschiedlich bezogenen Kindersteppdecken. Daß hier jedes Kind seinen eigenen Schlafplatz hat, sieht man an den dazugehörigen Kuscheltieren. Die Wand dahinter ist bemalt wie eine Riesenbilderbuchseite und lädt zum Träumen ein.

Helmut, einer der Betreuer, berichtet:

«In unserem Schlafraum können jederzeit Kinder nach individuellem Rhythmus schlafen. Wenn Sie bedenken, daß manche Kinder schon um sechs Uhr gebracht werden, andere erst gegen neun Uhr, wäre es unmöglich, alle Kinder über einen Kamm zu scheren. Ich finde es auch toll, wie sie sich vor dem Einschlafen – jedes auf seine Weise – zurechtwühlen, ausstrecken, nach allen Richtungen drehen, bis sie ihre Schlafposition gefunden haben.

Einschlafzeremonien sind bei uns aus Zeitmangel schlecht möglich. Wir nehmen uns aber Zeit dafür, einzelne Kinder auf dem Schoß oder auf dem Arm vor dem Zubettgehen zu beruhigen, zu streicheln, wenn sie durch die Trennung von ihrer Familie noch ängstlich und unruhig sind. Hausarbeiten oder Windeln legen entfallen bei uns, für die Arbeit spannen wir auch die Eltern mit ein. Deshalb können wir uns auch erlauben, daß einer von uns in der Hauptschlafenszeit immer ‹mitschläft›. Durch seine beruhigende Gegenwart überträgt er Entspannung auf die Kinder und ruht sich auch selber dabei aus. Ausgeruhte Betreuer sind wichtiger als hundert methodische Übungen!»

In einer anderen Krippe fiel ein großer farbiger Wand-Plan auf: Die Mitarbeiter hatten auf einem Elternabend mit Dias und Berichten über das Schlafverhalten der einzelnen Kinder informiert. Um in diesem Punkt mehr Übereinstimmung der Gewohnheiten in Elternhaus und Krippe herzustellen, wurde beschlossen, über einen Monat hinweg alle wichtigen Daten deutlich sichtbar zu notieren: Zeitpunkt des Kommens, des Abgeholtwerdens, der Schlafzeit, besondere Vorkommnisse und Vorlieben beim Spielen und Essen.

Dieser Plan hat sich als willkommener Gesprächsanlaß und als konkrete Hilfe bei Einschlafproblemen entpuppt.

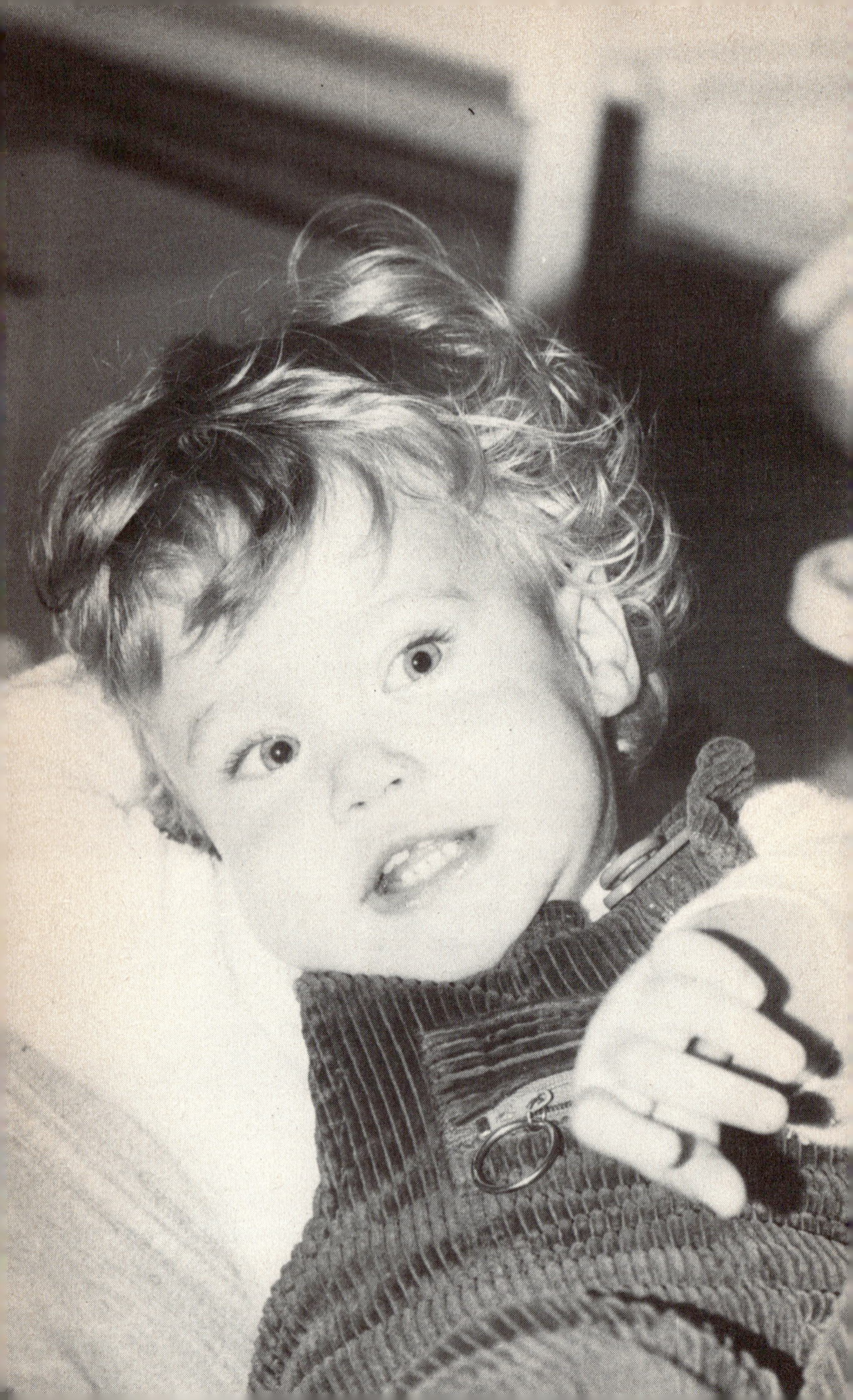

Kapitel 9

Kinder bringen uns an unsere Grenzen

Wer keine Kinder hat, hat sie vielleicht – ohne daß ihm das bewußt sein muß - auch deshalb nicht, weil Kinder uns ständig gefährden. Mit ihrer Naivität, Spontaneität, mit ihrer «Unschuld» sind sie jeden Augenblick eine Gefahr für unsere oft nur mühsam aufrechterhaltene Fassung und Disziplin.

Sie verfolgen uns in unsere letzten Schlupfwinkel und verführen uns in unserer Hilflosigkeit zu den abenteuerlichsten Vermutungen, da es uns schwer fällt, von unseren Wünschen zu lassen.

Pädagogik als Mittel der Verzweiflung

Peter und ich (Inga) haben nach langem Sparen ein ganz neues Möbelstück gekauft, ein Etagenbett für Konrad, zwei, und Sebastian, drei Jahre. Es ist groß, stabil, einladend zum Toben, Häuserbauen und Einkuscheln. Ideal! Gespannt warte ich auf die Kinder. Peter holt sie gerade aus dem Kindergarten ab.

Dann stehen sie vor dem neuen Stück. Sebastian ist begeistert. Mit Quieksern und Jauchzern klettert er die Leiter rauf und runter, verwühlt sich in die Decken, holt sich ein großes Tuch, um eine Eisenbahn zu bauen.

Konrad nähert sich nicht. Er lehnt sich an mein Bein, blaß, steckt seine zwei Tröster-Mittelfinger in den Mund. Er guckt das neue Bett nicht an, strebt – wie ich bemerke – weg aus seinem

Zimmer, in dem er sich sonst einigelt, wenn er aus dem Kindergarten kommt.

Meine Freude und mein Stolz haben einen empfindlichen Schlag bekommen. Ich nehme Konrad auf den Arm, setze ihn auf die Kissen, zeige ihm die Leiter, versuche ihn zum Klettern zu animieren. Er entwindet sich mir, läuft weg ins Nebenzimmer, wo er sich auf unsere Liege fallen läßt, stumm, abgewandt, schlaff, mit hängenden Mundwinkeln und vorgeschobener Unterlippe.

«Ich glaube», sagt Peter, «wir haben ihm sein Bett weggenommen. Laß uns ihn nicht drängen! Er wird sich mit dem Etagenbett schon anfreunden!»

«Ach, Quatsch», schimpfe ich, «niemand hat ihm etwas weggenommen. Das alte Bett war lebensgefährlich, dauernd hat er sich wehgetan. Er konnte sich doch kaum darin bewegen!»

Von dem Bett ist er nicht begeistert. Also will ich ihm eine andere Freude machen. Ich hole Fingerfarben und große Papierbögen: Die schönen bunten matschigen Farben sollen ihm Spaß machen und entspannen. Seine Antwort ist Kopfschütteln, Nukkeln, geistesabwesend die Staffelei betrachten, Augenlider hängen lassen.

Zweiter Versuch: Schokolade. Ich behandle ihn, wie ich mich sonst selber behandle. Er soll sich mit etwas schönem Eßbaren, etwas Süßem trösten, wenn es ihm schlecht geht. Seine Antwort ist lustloses Herumnuckeln an der Schokolade. Das zweite Stück lehnt er ab.

Dritter Versuch: mit Sebastian zusammen Lotto spielen. Das Spiel ist neu und spannend für ihn, zu dritt macht es sicher Freude. Konrad boxt Sebastian, sieht die Karten nicht an, fummelt an der Gardine.

Mein vierter, bereits von unterdrückter Wut begleiteter Versuch: im warmen Wasser plantschen, ausgedehnt baden. Sebastian will mitmachen, die Sache läßt sich gut an, ich beginne, tiefer zu atmen. Schock! Sebastian gießt Konrad Wasser auf die Brust, stört die eben gewonnene Ruhe. Jetzt endlich entlädt sich der ganze Kummer: Konrad weint los, hilflos, jämmerlich, klammert sich an. Jetzt endlich finde ich zu ihm, kann seinen Schmerz wahrnehmen, akzeptieren, kann ihn wärmen und trösten. Ich trockne ihn ab, langsam, gelassen, kuschle ihn ein, sitze nachher noch lange mit ihm auf dem Schoß.

Warum hatte ich ihn nicht eher verstehen können? Ich hatte ihn als einen erlebt, der sich abschottete, Leistung verweigerte, Kooperation, Angebote und Geschenke ablehnte, sich fallen ließ, sich schlaff und apathisch hängen ließ. Warum habe ich erst dann auf ihn hören können, als er, durch einen anderen angegriffen, jämmerlich um Hilfe flehte?

Ich habe viele Jahre gebraucht und viele teils schmerzvolle, teils befreiende Erfahrungen in therapeutischen Gruppen gemacht, ehe ich es verstehen konnte. Meine eigene, in der Kindheit erfahrene Angst und Hilflosigkeit, Weinen und Jammern wurden von den Eltern akzeptiert, wenn ich von Außenstehenden angegriffen, provoziert oder verletzt wurde. Weil solche Form von Schwäche von ihnen erlaubt worden war, konnte ich sie mir und Konrad auch zugestehen. Sich fallen lassen, in die Defensive gehen, «Leistung verweigern» dagegen waren Verhaltensweisen, die nicht geduldet wurden, die ich gelernt hatte, mir zu verbieten. Bei Konrad konnte ich sie auch nicht ertragen. So versuchte ich, ihn mit pädagogischen Tricks – mit Ablenken – zu kurieren. Er hatte ja meinen Ansprüchen nicht genügt. Er hatte meine Erwartung enttäuscht, positiv auf das neue Bett, die mühsam ersparte Errungenschaft, zu reagieren.

Hätte ich damals verstanden, daß Konrad um sein altes Bett trauern *mußte*, hätte ich mit ihm trauern können – wir hätten uns die frustrierenden Ablenkungsmanöver und die ganzen Umwege sparen können. Aber solche Grenzen in uns werden uns oft nicht bewußt. Und wenn wir sie bemerken, wollen wir sie nicht wahrhaben. Listig versuchen wir, sie zu umgehen. Denn sie passen ja nicht zu dem Bild, das wir uns von uns machen und das – vor allem – andere von uns haben sollen.

Getrübte Sex-Vergnügen

Ganz verzweifelt schlecht kann es einem gehen, wenn diese Kinder einen in den letzten Schlupfwinkel verfolgen, den wir uns machen, um im Spiel der Liebe Spannung und Entspannung zu finden.

Im Urlaub teilen Inga, ihr Mann und der einjährige Daniel das Schlafzimmer. Als Daniel in seiner Mittagsschlaf-Zeit «weg» ist,

Liebe geht durch die Haut: ... sind Sinnlichkeit und Sexualität ... den

versuchen die Eltern, miteinander zu schlafen. Sie haben sich der Zärtlichkeit schon voll hingegeben, als Daniels Bett – nach längerer Zeit – in Ingas Blickfeld gerät. Daniel sitzt aufrecht im Bett, schaut interessiert und freundlich zu. Aus ist es mit Hingabe und Sich-gehen-Lassen.

Inga und ihr Mann fühlen sich gestört. In ihnen erwacht das «schlechte Gewissen». Es fragt mit der Stimme des Verstandes: «Was will er jetzt? Was braucht er jetzt? Schaden wir ihm nicht, indem wir ihn ausschließen?» Solche Gedanken machen weitere Entspannung und Hingabe unmöglich. Die aufkommende Angst, dem Kind zu schaden, trifft womöglich auf die Angst, den Partner zu enttäuschen. Das kann zu Verspannung und Verkrampfung führen. Und der krampfhafte Versuch, dieser Verspannung Herr zu werden, führt zu neuen Verkrampfungen. ...

Bernd und Inge schließen prinzipiell das Schlafzimmer ab, wenn sie miteinander schlafen wollen. Sie tun dies – mit Rücksicht auf die Kinder – nicht oft.

Was mag in den Kindern vorgehen, wenn sie, diese ungewohnten Geräusche hörend, sich überzeugen wollen, was da drinnen los ist? Und was, wenn Nils und Nina einmal aufwachen, zu den Eltern ins Bett kuscheln wollen und vor verschlossener Tür stehen?

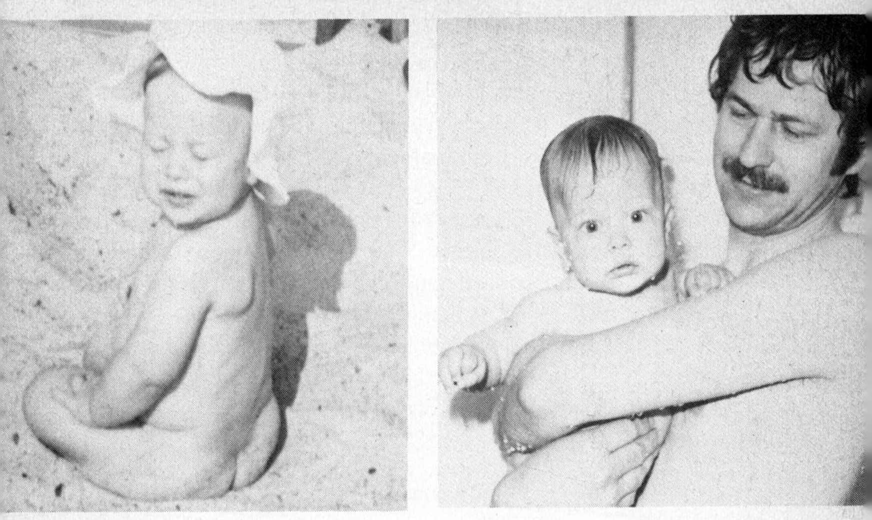

Kindern fremd?

Nicht nur so offenkundige Situationen, wo es um Tabus oder starke negative Gefühle geht, lassen uns häufig an unsere Grenzen stoßen. Dafür genügen schon ganz alltägliche Spielsituationen.

*

Konrad, acht Monate alt, genießt die täglichen zehn Minuten Nacktstrampeln stets in vollen Zügen:

Er wippt auf dem Bauch, kriecht bis zum Rand der Wickelkommode, guckt mich von unten herauf lachend an, ob ich jetzt auch die erwartete Angst zeige, er könne herunterpurzeln. Ich soll ihn jetzt festhalten und kitzeln.

Nun fordert er mich auf, das «Bu-, Buuu-, Buuuuu»-Spiel mit ihm zu machen. Ich muß mich unter immer lauter werdendem Gebrumm seinem Bauch mit meinem Gesicht nähern und schließlich einen lauten Kuß darauf drücken. Er erwartet den Kuß mit lauten, etwas angstvoll-freudigen Quieksern, und mir macht dies Spiel Spaß, weil ich seinen prallen, kleinen Bauch so gern habe.

Das nächste, zum Ritual gehörige Spiel ist
«Zwicke – zwacke – in die Backe
zwicke – zwase – in die Nase
zwicke – zwauch – in den Bauch …» und so weiter.

Jeder Körperteil wird dabei benannt und sanft gezwickt; es löst bei Konrad offensichtlich Wohlbehagen, aber auch Neugier, Überraschung aus und ist spannend. Er treibt das Spiel voran, indem er mir einen Körperteil nach dem anderen hinstreckt, immer den, der als nächster drankommen soll.

Wie mag es wohl auf ihn wirken, daß ich bei allen Spielen den Penis regelmäßig «vergesse»? Ich habe hier das Gefühl, der Spaß gehe «zu weit». Ich habe eine «Sperre», aber gleichzeitig das unbehagliche Gefühl, der Sache auf den Grund gehen zu müssen. Jedenfalls ist meine Unbefangenheit plötzlich weg.

Seine Aufforderungen zum Weiterspielen befolge ich jetzt mit weniger gefühlsmäßigem Engagement. Ich ziehe ihn schneller an,

«Konrad streckt mir einen Körperteil nach dem anderen hin»

als ich es eigentlich wollte, setze ihn auf den Teppich. Warum macht er sich dort mit unverminderter Energie über einen Korb Wäsche her?

Will er mir über meine Befangenheit hinweghelfen?

Hat er eben etwas verdrängt und muß jetzt einen Überschuß an Energie auf die Kleidungsstücke wenden und damit loswerden?

Oder handelt es sich um seinen ganz «normalen» Forscherdrang?

*

Horst erzählt von seiner zweijährigen Tochter: «Sie stand eines Morgens, als wir nach dem Beischlaf noch heftig atmend und «weit weg» nebeneinander lagen, unbemerkt plötzlich neben dem Bett und fragte interessiert: ‹Papa, Mama, hoppe Reiter gemacht?› Da habe ich versucht, ihr zu erklären, daß man das ‹Vögeln› oder Miteinander-Schlafen nennt und daß wir das sehr gern tun, weil es wunderschön ist. Und sie solle nicht denken, daß es uns dabei schlecht ginge. Das Stöhnen käme von der großen Lust, die wir dabei empfinden.»

Das Kind soll sich, Horsts Bericht zufolge, zufrieden wieder in seine Spielsachen vertieft haben.

Das muß man sich natürlich vor Augen halten: Hinterher ist es leicht, darüber zu reden. Was hätten die beiden getan, wenn sie die Tochter bemerkt hätten, bevor sie ihren Orgasmus hatten?

Die meisten von uns stoßen hier an ihre Grenzen. Es ist leicht, gute Ratschläge zu geben. Aber wenn einen die Kinder um die Lust gebracht haben, kann einem hundeelend sein. (Und da ist es schon ein Riesenfortschritt, sich das auch einzugestehen.) Und da hilft kein noch so guter Ratgeber – mit dem Frust umzugehen, muß man alleine lernen.

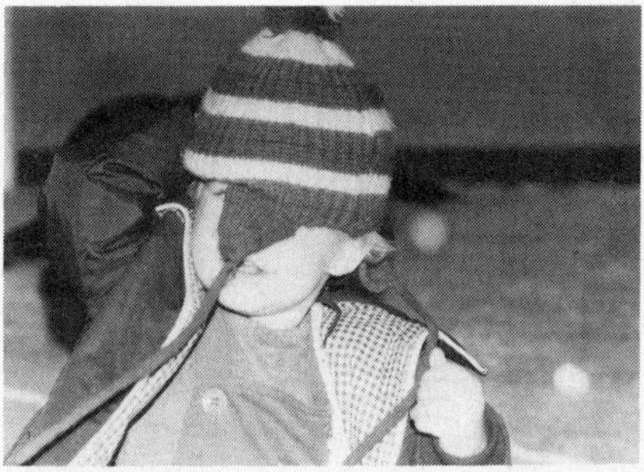

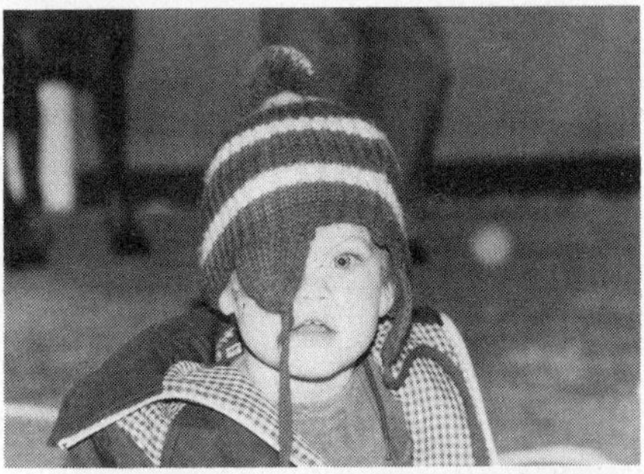

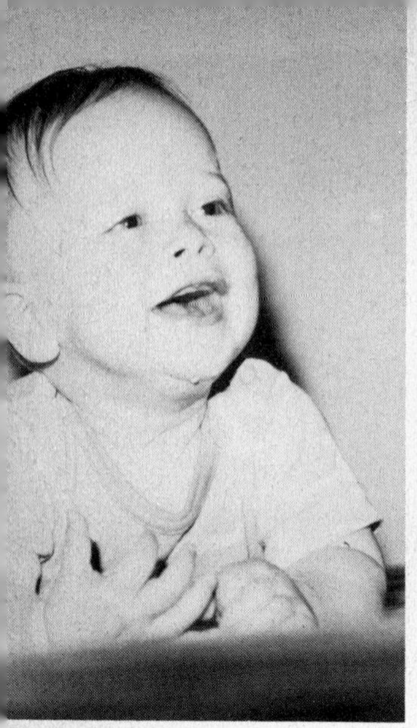

Freude

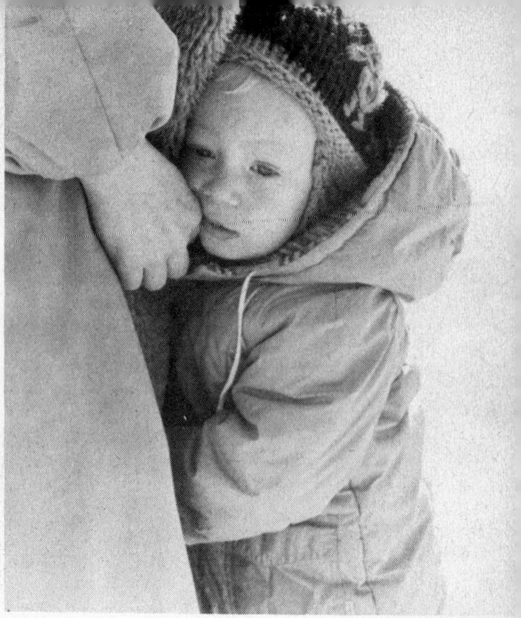

Kummer

Schlußwort

Heute vormittag besucht Felix seinen Spielgruppenfreund Sascha. Wir fahren mit dem Auto zu ihm. Ich will Felix dort abgeben und anschließend mit Tiemo einkaufen gehen.

Im Garten kommt Sascha uns schon entgegen; Felix faßt mich fest an der Hand. Dann löst er sich von mir, hopst demonstrativ herum und wird ganz albern. Dann stellt er sich neben die Hauswand und macht Arm- und Beinbewegungen, als wolle er die steile Hauswand hochkrabbeln. Dabei quasselt er Unverständliches vor sich hin.

Einen Augenblick lang beschleicht mich das unbehagliche Gefühl: «Ist der verrückt geworden?»

Sascha, seine Mutter und ich stehen völlig ratlos daneben, wie Felix seine Vorstellung gibt. Um die peinliche Situation etwas

Necken

«Entschuldigung!»

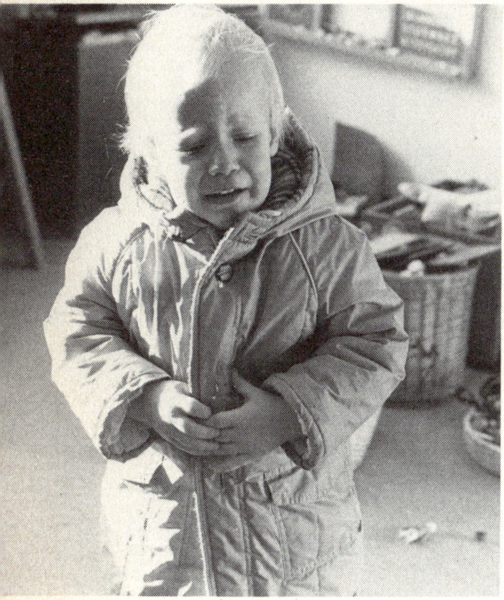

Schmerz

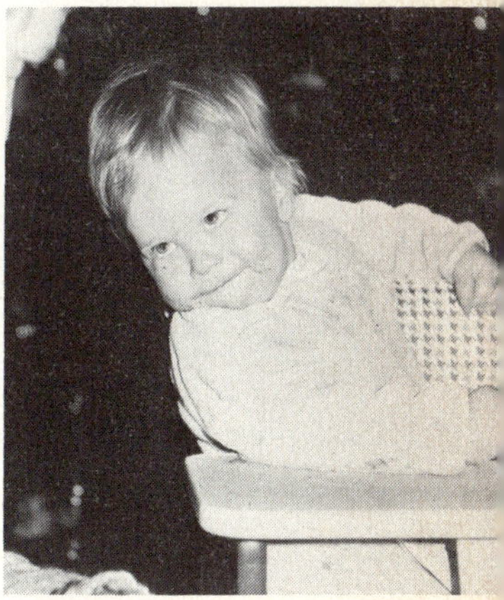

Scherzen

«aufzulockern», sage ich: «Der Felix freut sich so sehr auf dich, Sascha, daß er ganz aus dem Häuschen ist.»

Das Verhalten, das Felix zeigt, könnte aus einer Verlegenheit kommen, weil Felix in der Wiedersehenssituation mit seinem Freund sich widersprechende Gefühle erlebt: Verunsicherung in der fremden Umgebung und starke Freude zugleich. Es kann auch mit einer Geschichte zu tun haben, von der wir Erwachsenen nichts wissen: einer Erinnerung an einen Streit zwischen beiden zum Beispiel und manches mehr.

Wir Mütter sind nur peinlich berührt über solch ein «verrücktes Benehmen». Meine Erklärung, daß Freude die Ursache von Felix' Verhalten sei, nimmt mir die Angst, die die Irrationalität seines Verhaltens bei mir ausgelöst hat. Und damit kann ich auch Felix vermitteln: «Auch, wenn du ein bißchen verrückt spielst – du bist trotzdem o. k.»

Wir fühlten uns beide wieder wohl.

Und darauf kommt es an. Und auf nichts weiter.

Stichwort:

Kommunikation mit Kleinstkindern

Es gibt viele Theorien über kindliche Entwicklung, speziell über die des Kleinstkindes, und über Störungen in dieser Entwicklung. Aber man sucht vergeblich nach Literatur über wichtige alltägliche Probleme des Zusammenlebens und Einander-Verstehens. Als wir nach Büchern suchten zu der Frage «Wie läuft Kommunikation ab zwischen Erwachsenen die sich mit Worten ausdrücken, und kleinen Kindern, die noch nicht sprechen können?», fanden wir keinerlei empirische Untersuchungsergebnisse.

Das erinnerte uns an unser Psychologie-Studium. In allen Fachbereichen – außer im Bereich «Entwicklungspsychologie» – sahen wir die ersten drei Lebensjahre ausgeklammert. Und dies, obwohl fast sämtliche Therapierichtungen einhellig Störungen in der Psyche des Erwachsenen auf belastende Erfahrungen in den ersten drei Lebensjahren zurückführen. Alle Entwicklungstheorien sind sich einig darüber, daß nichts im menschlichen Leben so prägend ist wie das Familienklima und der Erziehungsstil der Eltern und außerfamiliärer Betreuer in der frühen Kindheit. Trotzdem sind das Erleben und das allmähliche Hineinwachsen in die Kommunikation mit anderen nie alleiniger Forschungsgegenstand an sich, wenn man von rein linguistischen Forschungsansätzen einmal absieht.

Solange das Kind klein ist, es sich nicht sprachlich verständigen kann und die Kontrolle über seine Körperfunktionen und -ausscheidungen noch nicht besitzt, haftet ihm offenbar ein Makel der Minderwertigkeit an. Und dieser Makel scheint sich auch auf diejenigen zu übertragen, die sich mit dem Kleinstkind beschäftigen: die Mutter, die Kinderpflegerin, die Wissenschaftler. Die ersten drei Lebensjahre sind gekennzeichnet durch Schwach-Sein, Abhängig-Sein, Unsauber-Sein, Unangepaßt-Sein.

Wir haben während unserer jahrelangen Arbeit mit Eltern und Krippenerziehern immer wieder folgendes festgestellt: Alle, die mit Kleinstkindern zu tun haben, sind zutiefst verunsichert. Sie sehen sich vor einem Wust von Rezeptsammlungen, Ratgebern, Entwicklungstabellen, Leitfäden, die von Medizinern stammen oder aus den Erkenntnissen der Entwicklungspsychologie hergeleitet wurden. Diese sind widersprüchlich, konkurrieren miteinander, heben fast einhellig den erziehungsmoralischen Zeigefinger mit ihrem ständigen «Du sollst ...!» an die Eltern.

Sie geben Rezepte ohne Rücksicht auf die Kochkünste der frischgebackenen Eltern, und es ist ihnen offenbar gleichgültig, daß Eltern und Erzieher mutlos werden, wenn ihnen der «Kuchen nicht gelingt». Viele Eltern verlieren das Vertrauen in ihre eigene unbefangene Fähigkeit, mit Kindern umzugehen, und zugleich den Glauben an die Tauglichkeit wissenschafltlicher Erkenntnisse. In ihrer Ratlosigkeit laufen sie Gefahr, alte Verhaltensstörungen und Probleme ungefiltert weiterzugeben oder neue zu produzieren.

Wir meinen, daß es eine Möglichkeit gibt, aus dieser Sackgasse herauszukommen. Die eigene Angst, die eigene Unsicherheit, Gefühle von Sicherheit und Zuversicht bei sich selbst erst einmal wahrzunehmen, mit anderen darüber zu reden und so zu lernen, sich langsam zu akzeptieren, können erste Schritte sein; der nächste, sich im Gespräch mit anderen über verwirrende Strukturen und Mißverständnisse innerhalb der eigenen Familie klarzuwerden und sie dann schrittweise anzugehen. Das Lesen eines Buches kann dazu Anregungen geben, Richtungen zeigen – den Weg kann man nur selbst – eigentlich nur mit anderen zusammen – gehen.

«Was will das Kind denn bloß?»

Die tägliche Frage im Zusammenleben mit Kleinstkindern: «Was will das Kind denn bloß?» ist keine rein sachliche, sondern eine sehr vielschichtige Frage, die auch soziale Komponenten hat. Das kommt schon darin zum Ausdruck, daß man den Satz auf vielerlei Weise betonen kann: Je nachdem, wie man ihn ausspricht, drückt er verschiedene Erwartungen aus, die an das Kind gestellt werden und die etwas mit unserer Beziehung zum Kind zu tun haben. Entweder fordert die Frage rein sachliche Erklärungen, oder sie drückt die Suche nach Verständnis aus, signalisiert Ratlosigkeit, die Suche nach Möglichkeiten, wie es «besser» zu machen wäre.

«WAS will das Kind denn bloß?»: sachliches Interesse, Bemühen, die Ursache des irritierenden Verhaltens des Kindes herauszufinden.

«Was WILL das Kind denn bloß?» könnte aussagen: «Das Kind reizt und nervt mich, ich will jetzt schnell wissen, was zu tun ist, damit ich es zur Ruhe kriege.»

«Was will DAS KIND denn bloß?» konstatiert: «Dieses Kind hat nicht noch etwas zu wollen! Es bekommt sowieso schon alles! Es hat kein Recht, zuviel zu verlangen!»

«Was WILL das Kind denn BLOSS?» ist eine Frage, die verzweifelt ausdrückt: «Ich habe doch alles versucht – es muß mir einer helfen herauszufinden, was ich noch tun muß, damit es ihm gutgeht!!»

Entweder wird mit dieser Frage signalisiert, daß es darum geht, eine dem Kind angemessene Lösung eines Problems zu finden – das Kind wird als Subjekt, als Partner, und nicht als Objekt genommen –, oder die Frage kann in Richtung Manipulation gehen. Dahinter steckt dann die Annahme, das Kind könne nicht wissen, was es will. In Wahrheit: «Ich ahne zwar, was du willst, aber das ist nicht gut für dich. Das bekommst du nicht.»

Hinter der Frage «Was will das Kind denn bloß?» kann sich auch eigene Unsicherheit verbergen. Wie oft nehmen uns unsere eigegen blokkierenden Gefühle und Konflikte so in Anspruch, daß wir für die Signale anderer – auch der Kinder – nicht offen sind.

Was kann aktuell vorausgegangen sein, wenn Eltern oder Erzieher sich diese Frage stellen? In jedem Fall hat das Kind ein Verhalten gezeigt, das den Eltern oder Betreuern Rätsel aufgibt, das sie nicht deuten können, das sie irritiert. Mimik, Gestik oder bestimmte Lautäußerungen sind nicht deutbar. Oder der Erwachsene hat die Signale des Kindes vielleicht nur unvollständig registriert. Vielleicht hat er sie auch – entsprechend seinen eigenen Absichten – falsch verstanden.

Nonverbale Kommunikation

Viele Menschen haben verlernt, nonverbale Signale wahrzunehmen, zu deuten und entsprechend darauf zu reagieren. Sie senden und empfangen hauptsächlich auf dem sprachlichen «Kanal», der dem Kleinstkind nicht zur Verfügung steht.

Die Körpersprache bewußt zu entschlüsseln haben sie verlernt, obwohl auf der ganzen Welt grundlegende Gefühle wie Trauer, Wut, Überraschung, Ekel universell durch bestimmte Gesten ausgedrückt werden, die jeder versteht. Bestimmte Körperteile wie Augenbrauen, Schultern, Hände übermitteln konkrete Botschaften, die ohne Sprache verstanden werden können. Kleine Kinder, Angehörige von «Primitiv-Kulturen» und geistig behinderte Menschen verlassen sich voll auf diese Sprache. Warum haben so viele Erwachsene unserer Kultur sie verlernt?

Von frühester Kindheit an ist uns eingetrichtert worden, nur auf Sprache zu achten und alle wichtigen Informationen über sprachliche Mitteilungen zu bekommen. Wir haben gelernt, die nonverbalen Signale als etwas «Gefühlsbetontes», als etwas Vorübergehendes, als etwas Unzuverlässiges zu werten.

Da das Kind ja doch bald lernen wird, sich «vernünftig» auszudrükken, halten wir es nicht für notwendig, uns auf seine vorsprachlichen Äußerungen einzulassen.

Der verläßlichste Weg, ein Kleinstkind zu verstehen, wäre also das Wiedererlernen der nonverbalen Kommunikation, das Sich-Einfühlen in seine Körpersprache und Lautäußerungen. Wenn ein Baby z. B. schreit, kann das verschiedene Bedeutungen haben. Durch aufmerksames Hinhören können wir lernen zu unterscheiden zwischen Schreien aus Hunger, Schmerz, Einsamkeit. Die Unterschiede im Klang und in der Intensität lassen die verschiedenen Ursachen erschließen.

Wenn ein Kleinstkind wütend ist, erkennen wir das an seiner gerunzelten Stirn, an den zusammengepreßten Lippen, an seinem starren Blick. Angst zeigt sich in weit aufgerissenen Augen, allgemeiner Muskelanspannung, an der Blässe des Gesichts und an seinem Bedürfnis nach Körpernähe und Anklammern. Ekel und Abwehr erkennen wir an seinen nach außen gekehrten Händen, an dem Bedürfnis wegzulaufen, Distanz zu schaffen.

Aber ein solcher Kurz-Lehrgang in nonverbaler Kommunikation wird doch nicht dazu führen, daß wir die Signale des Kindes weniger oft mißverstehen und sein Verhalten für uns weniger irritierend wird. Denn die Botschaften der Kinder bringen uns sehr oft in Schwierigkeiten. Jede Botschaft – auch eine nonverbale Botschaft – enthält nämlich Verschiedenes zugleich.* Sie hat nicht nur eine «*Sachebene*», die aussagt, worüber ich informieren will, sondern auch eine «*Selbstoffenbarungs-Ebene*»: die zeigt, was ich von mir selbst kundgebe. Die «*Beziehungsebene*» drückt aus, was der «Sender», also in diesem Fall das Kind, vom anderen hält. Die «*Appellebene*» vermittelt, wozu das Kind den Erwachsenen veranlassen möchte.

Mißverständnisse in der Kommunikation zwischen Baby und Erwachsenem entstehen dadurch, daß die Erwachsenen durch – meist belastende – Erfahrungen gelernt haben, immer nur auf dem einen «Ohr» einer bestimmten Ebene zu hören, weil die Wahrnehmung der anderen Ebenen schmerzhaft und problematisch ist. Manche Eltern, besonders Väter, sind es gewohnt, nur auf dem «Sachohr» zu hören. Sie werden ungeduldig, wenn die Botschaften des Kindes, z. B. sein Schreien, eine direkte sachliche Information nicht erkennen lassen. Wenn die Mütter hauptsächlich auf dem «Beziehungsohr» hören, bedeutet das Weinen oder Quengeln des Kindes für sie: «Du schlechte Mütter, du hast mich nicht lieb», und sie wird folgern: «Was ich auch tue, Kind, du schreist. Ich mache wohl alles falsch mit dir!»

* nach F. Schulz v. Thun, Miteinander reden. 1981

Hier einige Beispiele für die verschiedenen Ebenen kindlicher Botschaften:

Kind weint leise vor sich hin

1. *Selbstoffenbarung:* «Ich bin traurig, hilflos, müde»
2. *Appell:* «Tröste mich, hilf mir»
3. *Beziehung:* «Ich brauche dich. Du kannst mich trösten»

Kind versteckt sich, als Oma ihm die Hand geben will

1. *Selbstoffenbarung:* «Ich habe Angst»
2. *Appell:* «Komm mir bloß nicht zu nahe»
3. *Beziehung:* «Ich kenne dich nicht! Du bist mir fremd!»

Kind näßt und kotet ein, nachdem es bereits «trocken» war

1. *Selbstoffenbarung:* «Ich bin wie ein Baby, du kannst von mir nichts verlangen!»
2. *Appell:* «Überfordere mich nicht! Nimm mich, wie ich bin! Kümmere dich um mich!»
3. *Beziehung:* «Ich brauche dich dringend!»

Warum das Kind sich so und nicht anders verhält und was seine Botschaft bedeutet, kann nur – mit Geduld und Einfühlung – aus dem gesamten Lebenszusammenhang geschlossen werden. Wenn man sich dabei die verschiedenen Ebenen der «Botschaft» bewußt macht, also nicht nur auf einem Ohr hört, vergrößert das die Chance, das Problem zu lösen.

Was aber, wenn man nicht anders kann als beispielsweise immer nur auf dem «Appellohr» zu hören? Wenn man ständig bestrebt ist, sich dem Kind zu unterwerfen, immer nur dar-

Kinder …

… haben ein Alter der prämonetären Unschuld. Das sind jene Jahre, in denen sie einen bunten Luftballon zu zehn Pfennig einem völlig uninteressanten Zehnmarkschein vorziehen. Später gibt sich das.

Und gar unter Erwachsenen erst: Von hundert großen Leuten, die etwas wollen, wollen fünfzig Geld. Weitere zwanzig wollen gerade mal kein Geld, nehmen es aber ersatzweise gern an. Noch einmal zwanzig, die eigentlich etwas anderes als Geld wollten, nehmen es zwar als Ersatz, betonen aber, daß sie es ungern tun. Vom Rest nehmen fünf unter keinen Umständen Geld an, ärgern sich jedoch hinterher darüber. Und die übrigen fünf sind entweder zu stolz oder zu reich, um sich noch über sich selbst zu ärgern.

über nachzudenken, was man jetzt als nächstes für das Kind tun muß? Wichtig ist, daß man *merkt*, was da vorgeht. Das gelingt oft nur dadurch, daß ein Außenstehender einen darauf aufmerksam macht und unsere Reaktion auf die Botschaften des Kindes beobachtet. Wer sich in einem Kreislauf bewegt, kann sich nicht an den «eigenen Haaren herausziehen».

Welche Mißverständnisse können sich auf seiten *des Kindes* ergeben? Das Kind lernt ja erst allmählich, Wörter und deren Bedeutung miteinander zu verknüpfen. Dabei hilft ihm die Gestik und Mimik des Sprechenden, aber auch der Tonfall und die Gefühle, die beim Sprechenden mitschwingen.

Mit steigendem Alter und Abstraktionsniveau im Denken erhöht sich die Fähigkeit, mehrere Seiten in der Mitteilung eines Erwachsenen zu erkennen. Ein Baby wird in der lauthals und gefühlsstark hervorgebrachten Äußerung seines Vaters: «Was ist denn das hier schon wieder für ein Saustall?» nur die Beziehungsebene heraushören.

«Was ist das hier schon wieder für ein Saustall?»

1. *Sachebene:* Heute ist es wieder sehr unordentlich hier
2. *Selbstoffenbarung:* «Ich bin böse, habe einen schlechten Tag gehabt.»
3. *Appell:* «Räume auf! Mach das nicht wieder! Geh in dich!»
4. *Beziehung:* «Du bist ein böses Kind, du ärgerst mich! Ich lehne dich ab!»

Kinder bis zum Alter von fünf Jahren werden sich den Vorwurf selbst zuschreiben; sie können die Selbstoffenbarung des Vaters nicht als Entlastung heranziehen. Sie werden mit Trauer, Angst oder Protest reagieren – eine für den Vater wieder völlig irritierende Situation. So können sich die gegenseitigen Mißverstehens-Reaktionen hochschaukeln, bis einer die Szene verläßt, entmutigt oder voller Aggression. Ein Entrinnen aus dem Teufelskreis ist nur möglich, wenn einer der Beteiligten oder ein Außenstehender in der Lage ist, alle Seiten einer Botschaft zu entschlüsseln, und den anderen darauf aufmerksam macht.

Nicht «Warum?», sondern «Was?»

Wenn ein Kind sich irritierend verhält, erschweren sich manche Eltern die angemessene Reaktion dadurch, daß sie ausschließlich der Frage: «*Warum* tut es das?» nachgehen. Sie suchen mühsam nach Ursachen des Verhaltens in der Vergangenheit. Dabei wäre die Frage: «*Was* will das Kind *jetzt*?» viel leichter zu beantworten. Diese Frage schließt die Berücksichtigung der drei (oder vier, wenn das Kind sprechen kann) Seiten der kindlichen Botschaft ein. Die Ursachen des Verhaltens werden jetzt in der unmittelbar bestehenden oder vorausgegangenen Situation gesucht. Die Lösung des Konfliktes ergibt sich aus dem Kontext, in dem sie entstanden ist.

Beispielsweise ist Daumenlutschen, wenn das Kind das dritte Lebensjahr hinter sich hat, für viele Eltern ein Anlaß zu massiven Selbstvorwürfen. Sie fragen sich ständig: «Warum nuckelt es bloß? Habe ich es nicht lange genug gestillt? Ihm ein zu großes Loch in den Sauger gebohrt? Habe ich es als Säugling vielleicht abgelehnt, es nicht genügend geliebt, mich zu wenig gekümmert?»

Die Situation wäre für beide Seiten leichter erträglich, wenn die Eltern das Vordergründige der «Botschaft» zuerst beachten und darauf entsprechend reagieren würden: nämlich das aktuelle Bedürfnis nach Beruhigung und Spannungsabfuhr. Dann könnten sie das Nuckeln zunächst als gegeben und begründet akzeptieren. Das schließt nicht aus, daß sie sich Gedanken über die Vergangenheit machen; nur hilft das dem Kind momentan nicht, im Gegenteil, es verschärft die Situation.

1. Teufelskreis

Oft sind Eltern der Meinung, daß eine momentan ausweglos erscheinende Situation am besten durch das «Einführen ihres Gegenteils» behoben werden könne. So versuchen sie, ein trauriges und nach außen verschlossen wirkendes Kind durch alle möglichen Formen der Aufmunterung wieder fröhlich zu machen (vielleicht, weil sie nur die «Appellebene» – «Hilf mir, tu was für mich» – verstanden haben): Sie kitzeln es, machen Witze, animieren es zum Herumtoben, fordern es auf, fröhlich zu gucken. Und erreichen nichts.

Ihr Versuch, das Problem zu lösen, wird zu einem neuen Problem: Anstatt dem Kind zu helfen, schaffen sie diesem zusätzlich Schuldgefühle den Eltern gegenüber. Statt die Verstimmung zunächst einmal hinzunehmen und sich Gedanken darüber zu machen, was das Kind mit seiner Verschlossenheit sagen möchte, wecken sie zusätzlich Zorn und Abwehr. Das Kind merkt nämlich sehr deutlich, daß ihre Versuche nur den Zweck haben, ihm positive Gefühle aufzuzwingen, die es nicht hat, und ihm negative Gefühle zu verbieten, die nun mal da sind.

Eltern, die die negativen Gefühle ihrer Kinder so schlecht ertragen können, sind oft der Meinung, daß ein «richtig erzogenes Kind ein fröhliches Kind» sei. Ihnen muß jeder Ausdruck von Wut, Traurigkeit, Passivität, jede Verstimmung bei ihrem Kind als Beweis ihres elterlichen Versagens vorkommen. Das ist der Anfang eines Teufelskreises: Jeder Versuch, das Kind fröhlich zu stimmen, treibt es noch weiter in seine Abwehrhaltung hinein und führt den Eltern ihre «Unfähigkeit» vor Augen, was neue Maßnahmen und weitere negative Gefühle beim Kind erzeugt.

Der «Ausweg» ist dann häufig Flucht oder Wegschicken des Kindes. Damit ist das eigentliche Problem aber nicht gelöst, denn in der nächsten belastenden Alltagssituation geraten alle Beteiligten wieder in dasselbe Spiel. So entstehen bei den Eltern und beim Kind «gewohnheitsmäßige Erwartungen», die auch dann schon zu ernsten Belastungen des Familienlebens werden können, wenn die Kinder noch sehr klein sind.

Die Unterbrechung dieses Kreislaufs wird erleichtert, oft erst ermöglicht durch einen neutralen Dritten, der hilft, die Regeln dieses Spiels zu durchschauen. Erst dann können die Eltern das Verhalten ihres Kindes und ihr eigenes aus der Distanz betrachten und sich fragen:

«Was will das Kind bei mir erreichen?

Was ängstigt mich so an seinem Verhalten?

Was führt dazu, daß ich mich schäme?»

2. Grobe Vereinfachungen

Viele Eltern neigen dazu, unüberwindliche Probleme durch einfaches Leugnen ihrer Existenz oder grobe Vereinfachung aus der Welt zu schaffen.

Wenn eine Dreijährige ihre ganze Familie damit in Atem hält, daß sie immer dann in die Hose macht, wenn sie gerade das Klo wieder verlassen hat, ist das ein Problem, bei dem in der Regel verschiedene Faktoren in komplizierter Weise zusammenspielen. Oft wird es von den Eltern mit einem einzigen Grund erklärt: «Das macht sie nur, weil sie uns austricksen will. Sie will nur auf sich aufmerksam machen!» Und damit wird eine Lösung des Problems unmöglich gemacht.

3. Unerfüllte Erwartungen

Eine Mutter verlangt von ihrem Sohn, daß er jetzt die Bauklötze in den Kasten räumen soll. Das mache doch solchen Spaß, sagt sie, weil er danach ein aufgeräumtes Zimmer habe und er dann viel besser schlafen könne. Und überhaupt, Aufräumen sei eine angenehme Beschäftigung. Das könne er ja an ihr sehen, sie mache das jeden Tag gern für ihre Familie.

Nach mehrmaliger, immer eindringlicher werdender Aufforderung wirft der Junge seine Klötze in den Kasten, rennt zu seinem Vater, versteckt sich bei ihm und heult los.

Die Mutter ist entsetzt über die Reaktion.

«Ich will doch nur sein Bestes, ich weiß, daß er das schon kann. Er kann diese einfachen Dinge selbst, aber ich will auch, daß er sie gern und freiwillig tut!»

Damit fordert sie, daß ihr Sohn nicht nur eine für ihn unangenehme Arbeit machen soll, sondern außerdem, daß er diese abscheuliche Arbeit auch noch gut finden und aktiv gutheißen soll.

Ein Glück für das Kind und auch für die Mutter, daß in diesem Fall der Vater als Ventil verfügbar war. Wären Mutter und Sohn in dieser Situation allein gewesen, hätte das Kind seine Verzweiflung über diese totale Überforderung nicht loswerden können. Nur durch die Leugnung der eigenen Empfindungen («Aufräumen ist blöd!») und damit durch völlige Aufgabe seines Selbst hätte es die Erwartungen seiner Mutter erfüllen können. Solche Lernprozesse haben – wenn sie massiert und ohne Entlastungsmöglichkeiten auftreten – oft zerstörerische Folgen.

4. Verschlüsselte Botschaften von Kindern

Wenn Kinder gelernt haben, daß die Erwachsenen nur auf dem Sach-Ohr hören und bestimmte emotionale Wünsche nicht «verstehen» oder ablehnen, formulieren sie ihre Wünsche in Schein-Sachaussagen bzw. Fragen um.

Beispielsweise kommt ein Dreijähriger zu seiner Mutter und nörgelt: «Ich weiß nicht, was ich spielen soll!» Sie macht ihm ein Angebot nach dem anderen, jedes verwirft er. Sie bietet alle möglichen Spiele an, er steht nuckelnd da, guckt lustlos und grantig, worauf wieder ein neues Angebot folgt. So geht das Spiel weiter: Jeder Versuch der Mutter wird als unzureichend abgewiesen, so lange, bis sich Mutter und Kind resigniert und verzweifelt zurückziehen. Die richtige Frage in einer solchen Situation ist nicht: «Was kann ich dir noch anbieten?» Besser ist die Feststellung nach dem dritten ergebnislosen Versuch: «Ich glaube, du magst jetzt nicht spielen.»

Damit verändert die Mutter die Spielregeln. Sie bewirkt, daß das Kind sich darüber klarwerden muß, was es will bzw. was es nicht will. So kommen beide dem wahren Problem schneller auf die Spur.

Grundbedürfnisse

Als «primäre» Bedürfnisse, die das Leben des Menschen in Gang halten, gelten: das Bedürfnis nach Wärme, Hautkontakt und sensorischer Stimulation. Das Gesamtverhalten des Neugeborenen orientiert sich an der Befriedigung dieser elementaren Impulse. Die Menschen und Dinge seiner Umgebung haben für das Kind zunächst nur Bedeutung im Hinblick auf die Befriedigung der primären Antriebe. Im Laufe des Hineinwachsens in seine Umwelt treten zu diesen primären neue erlernte Bedürfnisse hinzu.

Während die Bedürfnisse nach Nahrung, Schlaf und Wärme allgemein «anerkannt» sind und vorbehaltlos erfüllt werden, wird das Bedürfnis nach sensorischer Stimulation in unserer Kultur völlig unterbewertet. Das gilt besonders für das grundlegende Bedürfnis nach Hautkontakt.

Die Haut ist das am frühesten funktionsfähige Sinnesorgan: Bereits in der 9. Schwangerschaftswoche reagiert das Kind auf Berührungsreize. Sofort nach der Geburt ist das Kind angewiesen auf Streicheln und Massieren der Haut und konstante Körpernähe. Diese bewirken Impulse an das zentrale Nervensystem, sie aktivieren das Gehirn und stimulieren seine Entwicklung.

Die Befriedigung des Bedürfnisses nach Hautstimulation geschieht bei unseren Methoden der Kinderaufzucht eher zufällig beim Wickeln und Füttern, während Aktivierung der anderen Sinne Auge und Ohr bereits sehr früh und bewußt beispielsweise durch Mobiles und Spieluhren etc. herbeigeführt wird. In sogenannten Primitivkulturen hat das Bedürfnis nach Hautkontakt seinen herausragenden Stellenwert behalten: Säuglinge werden am Körper getragen, nachts schlafen sie in unmittelbarer Körpernähe der Eltern und Geschwister. In unserer Kultur dagegen werden Säuglinge sofort nach der Geburt «weggelegt» in Bettchen, Kinderwagen, Wippen; je komfortabler die Ausstattung, desto vermeintlich besser fürs Kind.

Das Hautempfinden ist das wichtigste aller Sinnesorgane. Ein Kind kann leben und aufwachsen, wenn es blind und taub ist und weder schmekken noch riechen kann; aber ohne Hautwahrnehmung kann es nicht existieren.

Ebenfalls unterbewertet wird das Bedürfnis nach Bewegung. Es ist Grundlage der Ausbildung der visuellen Wahrnehmung, des Gleichgewichts, der Raumwahrnehmung. Die aktive Bestätigung der Muskeln ist Grundlage der Fähigkeit, sich die Umwelt aktiv anzueignen. Bewegungsmangel ist die Wurzel vieler Verhaltensauffälligkeiten und auch psychosomatischer Erkrankungen.

Warum kommen in unserer Gesellschaft gerade diese beiden elementaren Bedürfnisse in der «Kinderaufzucht» absolut zu kurz?

Es fängt an bei der Gestaltung der Wohnumwelt von Kindern (Mangel an unerschlossenen natürlichen Spielgebieten, zu wenig kindgerechter Wohnraum) und schlägt sich in kinderfeindlicher Gesetzgebung nieder.

In unserer Kultur genießt das größte Ansehen, wer «etwas leistet» – was sichtbar wird in der Überbewertung des Erwerbs materieller Güter. Ja, selbst auf die Notwendigkeit der Befriedigung dieser elementaren Grundbedürfnisse, von denen wir reden, aufmerksam zu machen, ist aus dem Lehrplan unserer Gesellschaft verschwunden. Es ist dem Zufall überlassen, ob Eltern sich damit auseinandersetzen oder nicht. Nur eine kleine Minderheit von Eltern ist bisher in der Lage, sich solche Informationen zu erarbeiten und ihren Kindern entsprechende Möglichkeiten zu geben.

Gewährung von Körperkontakt und Bewegungsfreiraum ist eine Angelegenheit, an der niemand Geld verdienen kann. Im Gegenteil: die Babyartikel-Industrie kann nur bei Nicht-Befriedigung dieser Bedürfnisse einen immensen Berg von Ersatz-Befriedigung und Förderspielzeug absetzen. Die Leugnung dieser Grundbedürfnisse kann für manche Mittel zum Zweck sein, höchstmöglichen Profit zu erzielen.

Und noch etwas: Erwachsene im Eltern-Alter haben in der Regel «keine Zeit». Anders die Kinder, die so viel davon haben. Zeiteinteilung und Geiz mit Zeit sind oft Voraussetzung, um trotz der Kinder «zu etwas zu kommen», im Vergleich mit den Kinderlosen nicht als völlig abgeschlagen auf den hinteren Plätzen zu landen, als «asozial» aufzufallen.

Diese «Zeit-ist-Geld-Ideologie» steht im totalen Gegensatz zur Befriedigung dieser Grundbedürfnisse der Kinder, die nun einmal Zeit kosten.

Das heißt allerdings überhaupt nicht, daß wir den ganzen Tag hinter den Kindern her sein müßten. Es heißt vor allem, den Kopf frei zu haben, wenn wir uns den Kindern zuwenden. Und da ist eine halbe Stunde voller Zuwendung oft mehr als drei Stunden Spielen mit dem Kind, derweil wir selbst mit unseren Gedanken ganz weit weg sind. Streicheln, Hautkontakt, Spielen – das mechanistisch als maschinenähnliche Tätigkeiten mißzuverstehen, auch das ist eine der gegen die Kinder und die Menschen überhaupt gerichteten Falsch-Botschaften unserer Zeit.

Wenn wir wieder einmal vor der Frage stehen: «Was will das Kind denn bloß?», dann hilft uns vielleicht auch die Vergegenwärtigung dieses gesellschaftlichen Kampfes gegen die Grundbedürfnisse der Kinder, uns leichter in das hineinzufühlen, was diesem Kind vor uns fehlt. Jetzt. Gerade in diesem Augenblick.

Literatur

Braunmühl, E. v.: Zeit für Kinder. Frankfurt M. 1979

Zimmer, D. E.: Die Vernunft der Gefühle. München 1981

Schulz v. Thun, F.: Miteinander reden, Störungen und Klärungen. Reinbek 1981

Janov, A.: Das befreite Kind. Frankfurt/M. 1974

Miller, A.: Am Anfang war Erziehung. Frankfurt/M. 1980

Bowlby, J.: Trennung. München 1976

Schmeer, G.: Das sinnliche Kind. Stuttgart 1975

Szasz, S.: Die Körpersprache des Kindes. Bergisch Gladbach 1979

Renggli, F.: Angst und Geborgenheit. Reinbek 1974

Montague, A.: Körperkontakt. Stuttgart 1980

rororo sachbuch

Elternrat

Praktische Tips, Ideen, Hilfen für Alltag und Freizeit mit Kindern

Horst Speichert
Süße Sachen
Ein Rezeptbuch für gesunde Naschereien

Wie ein Pädagoge dazu kam, sich mit Süßigkeiten zu beschäftigen, und was er dabei lernte / Eine kleine Warenkunde: Warum Zucker und Feinmehl Gift sind / Rezepte, gesund für die Zähne: u. a. Granola, Erdnußbutter, Schoko-Nußkrem, Grippe-Riese, Schokoladen-Eierle, Dattel-Pralinés, Nußkuchen ...
8 Farbtafeln
sachbuch 7326

Helga Biebricher
Scherzfragen, Rätsel, Schüttelreime
Vergessenes und Neues zur Unterhaltung

Sch(m)erzfragen / Rätsel, gereimt und ganz prosaisch / Zungenbrecher / Spiele (u. a. Popofax, Chanasan-Sprachan, Hautbotschaften, „Ich fahre zum Mond") / Denken! Achtung! Spannung! (Knobel-Stories und acht Aufpaß-Geschichten) / Grusel- und Kriminalgeschichten zum Mitdenken
Mit vielen Spaßzeichnungen von Erhard Dietl
sachbuch 7662

Paul Walter
Ideen für Gruppenspiele
Für Feste und Freizeit

Spielvorschläge für kleine und große Gruppen, die ohne das Konkurrenzprinzip auskommen und deshalb Enttäuschung, Wut und Ärger beim Spielen vermeiden: u. a. Die Nervensäge / Die Verwandlung / Klopfmassage / Die nervöse Tante / Schiff und Lotse / Der Oberaffe / Mein Ich / Der Fliegenfänger. Insgesamt 61 Spiele. Jedes Spiel mit Spielanleitung zum Vorlesen! sachbuch 7459

Autoren der Zeitschrift „spielen und lernen"
Toben, Turnen, Bewegen mit Kindern
Anregungen für zu Hause und den Kindergarten

Kunststücke (u. a. Rutschen; Steigen, Springen, Hürden überwinden) / Körper-Erleben und Vertrauen (u. a. Zwischen Himmel und Erde; Familienzirkus; Schaukeln, Ruhen, Fühlen) / Spiele mit Requisiten (u. a. Ein Iglu aus Reifen; Frosch-Spiele; Die Straßenkreuzung) / Spiele im Freien (u. a. Rund ums Seil; Balancieren auf Baumstämmen)
Über 100 Fotos
sachbuch 7678

2039/1